Felix Lauffer

Sprache üben zwischendurch

Band 2

Übungsblätter zum Wörterbuch,
Trennen und Wortschatz, zur Satz- und Sprachlehre

5./6. Klasse

Kopiervorlagen mit Lösungen

Gedruckt auf umweltbewusst gefertigtem, chlorfrei gebleichtem
und alterungsbeständigem Papier.

1. Auflage 2010
Nach den seit 2006 amtlich gültigen Regelungen der Rechtschreibung
© by Brigg Pädagogik Verlag GmbH, Augsburg
Alle Rechte vorbehalten.

Originalausgabe © 2008 by ZKM, Verlag der Zürcher Kantonalen Mittelstufenkonferenz
Frauenfelderstraße 21a, Postfach, 8404 Winterthur
www.verlagzkm.ch

Felix Lauffer
Sprache / Kurzweiliges Üben
Wörterbuch / Sätze / Sprachlehre / Trennen / Wortschatz

Das Werk und seine Teile sind urheberrechtlich geschützt. Jede Nutzung in anderen als den gesetzlich zugelassenen Fällen bedarf der vorherigen schriftlichen Einwilligung des Verlages. Hinweis zu § 52 a UrhG: Weder das Werk noch seine Teile dürfen ohne eine solche Einwilligung eingescannt und in ein Netzwerk eingestellt werden. Dies gilt auch für Intranets von Schulen und sonstigen Bildungseinrichtungen.
Illustrationen: Otto Zingg/formd
www.formd.ch

ISBN 978-3-87101-515-1   www.brigg-paedagogik.de

Inhaltsverzeichnis Arbeitsblätter

Wörterbuch
Wörter ergänzen	5
Wortbedeutung 1	7
Wortbedeutung 2	9

Wortschatz
Verwandte Wörter 1	11
Verwandte Wörter 2	13
Achtung Endungen!	15
Wie beginnt es nur?	17
Warum glitzert der Reif?	19
Der Pickel stört im Gesicht!	21
Was tut der Schopf auf dem Kopf?	23
Was stimmt? 1	25
Was stimmt? 2	27
„Kuckukseier" 1	29
„Kuckukseier" 2	31
Ähnliche Bedeutungen 1	33
Ähnliche Bedeutungen 2	35
sredna se tßieh sträwkcüR	37
Alles Menschen ...	39
„Wortzwillinge"	41
Wortreihen	43
Wörter verwandeln	45
Wer findet die meisten Wörter?	47

Sätze
Satzarten	49
Wer? Wo? Wann?	51
Wonachmitzu...?	53
Was passt zusammen? 1	55
Was passt zusammen? 2	57
Alles Unsinn 1	59
Alles Unsinn 2	61
Welches Durcheinander! 1	63
Welches Durcheinander! 2	65
Verkehrt!	67
Auf die richtige Verbindung kommt es an!	69
Hier fehlt etwas!	71
Wie geht es weiter?	73
Vorn oder hinten?	75
Umstellen	77

Sprachlehre
Wortarten	79
Wie viele Silben?	81
Zweisilbig	83
Dreisilbig	85
Viersilbig	87

Zu diesem Werk

Sprache ist das Unterrichtsfach mit der unerschöpflichsten Vielfalt: eigene Texte schaffen, Grammatik, Rechtschreibung, Lesefähigkeit, Hörverständnis, Textsorten kennenlernen u.v.a.m. füllen die vorhandene Unterrichtszeit schnell auf. Dabei wird gerne vergessen, den Kindern einen weiteren Zugang zur Sprache zu ermöglichen, nämlich zur verspielten, wortschöpferischen und kreativen Seite der Sprache.

Die hier vorliegende Sammlung von Arbeitsblättern zum Sprachunterricht der Mittelstufe ermöglicht genau diesen Zugang: Wörter vorwärts und rückwärts lesen, neue Wörter entdecken durch Umstellen der Buchstaben, Kuckuckseier finden usw. zeigt den Kindern, dass Sprache nicht schweißtreibend gelernt, sondern auch einfach nur gespielt und genossen werden kann.

Ziel dieser Blätter ist es, den Kindern die Annäherung an das Wesen der Sprache auf mannigfaltige Weise zu ermöglichen, sodass sie Vertrautheit gewinnen und über den Reichtum der Sprache staunen können. Auf diesem langen und oft beschwerlichen Weg gilt es, die natürliche Lernfreudigkeit der Kinder zu bewahren, immer wieder ihre Neugier zu wecken und die Lust am Entdecken zu fördern.

Es liegt im Wesen der Sprache, dass nicht überall eindeutige Lösungen angeboten werden können. An deren Stelle treten Lösungsvorschläge, damit auch hier eine Selbstkontrolle durch die Schülerinnen und Schüler möglich wird.

Die Freude an der Sprache, welche bei diesem Werk ein zentrales Anliegen ist, wird durch den vielfältigen didaktischen Einsatz der Arbeitsblätter noch gefördert.

Gemeinsames Erarbeiten im Klassenunterricht

Gemeinsam ein Arbeitsblatt erarbeiten und nach der besten Lösung suchen hat in der heutigen, stark individualisierten Schule wieder eine große Bedeutung erhalten. Die Auseinandersetzung mit Lösungsvorschlägen von Mitschülern hat zuweilen einen größeren Lerneffekt als das schnelle Niederschreiben einer eigenen Lösung. Diese Art des Einsatzes ermöglicht schnell und kurzfristig vorbereitete Lektionen für Klassenlehrkräfte ebenso wie für überraschend eingesetzte Vertretungslehrer.

Individualisierender Unterricht

Die auf der Rückseite aufgeführten Lösungen oder Lösungsvorschläge ermöglichen Selbstkontrolle durch die Schülerinnen und Schüler und einen Einsatz in Stationenarbeit, Werkstattunterricht oder Wochenplan. In Testphasen in verschiedenen Schulklassen hat sich das System „Blätterwirbel" besonders bewährt.
Jeweils 7 Arbeitsblätter plus ein Titelblatt werden in den Kopierer gegeben und mit der Funktion „Broschüre" kopiert. Dieses achtseitige Heft wird individuell im Wochenplan erarbeitet. Die Rückseiten, auf dieselbe Weise kopiert, ergeben ein Lösungsheft für die Selbstkontrolle. Können die Zeiten, welche für die Bearbeitung des Blätterwirbels benötigt werden, individuell festgelegt werden, entsteht ein hervorragendes Instrument für den binnendifferenzierten Unterricht.

Privates Lernen

Die vorliegenden Werke sind auch hervorragend geeignet für privates Lernen als Vertiefung des üblichen Schulstoffes. Dabei sollten Eltern oder Nachhilfelehrkräfte darauf achten, dass zu langes Suchen nach möglichen Lösungen nicht sehr lerneffizient ist. Da ist es häufig besser, die Kinder die Lösung nachschauen zu lassen. Das so ermöglichte Aha-Erlebnis wirkt sehr lernfördernd. Kopiert man die Blätter und lässt nicht direkt auf die Originale schreiben, kann in gebührendem zeitlichen Abstand das Blatt wiederholt werden. Dies geschieht so oft, bis keine Antwort mehr auf der Lösung „abgeschrieben" werden muss.

Wörterbuch

Wörter ergänzen

Suche im Wörterbuch die folgenden Wortanfänge und ergänze dann zum ganzen Wort.

numme**rieren**

unpa

Chau

Guth

Veh

aufri

Masko

bep

Schlar

Orth

Quers

zerm

Läh

Papr

unzuf

Nachm

Bulld

obl

Fahrk

Torl

Piz

Scharn

Zuckerrü

Ausv

Leuk

Natt

Mietz

Fahrg

Sak

Expr

Radk

Wichte

Bleis

Zere

Pali

Wee

Nasss

Zeltp

Essigg

Nov

Kaud

unap

Maisk

Lumpe

Rath

erstk

Rucks

platz

Toi

Oz

gestr

Müd

Kunste

häns

Wörterbuch

Wörter ergänzen

Suche im Wörterbuch die folgenden Wortanfänge und ergänze dann zum ganzen Wort.

numme**rieren**	Fahrg**ast**
unpa**rteiisch**	Sak**ristei**
Chau**ffeur**	Expre**sssendung**
Guth**aben**	Radk**appe**
Vehi**kel**	Wichte**lmännchen**
aufri**chtig**	Blei**stift**
Masko**ttchen**	Zere**monie**
bep**flanzen**	Pali**sade**
Schla**raffenland**	Week**end**
Orth**ografie**	Nass**schnee**
Quer**schnitt**	Zeltp**flock**
zerma**lmen**	Essig**gurke**
Läh**mung**	Nov**ember**
Pap**rika**	Kaud**erwelsch**
unzu**frieden**	unap**petitlich**
Nachm**ittag**	Maisk**olben**
Bulld**ogge**	Lumpe**nsammler**
obl**igatorisch**	Rath**aus**
Fahrk**arte**	erstk**lassig**
Torl**auf**	Rucks**ack**
Piz**za**	platz**ieren**
Scharn**ier**	Toi**lette**
Zuckerrü**be**	Oz**ean**
Ausv**erkauf**	gestr**eckt**
Leuk**oplast**	Müd**igkeit**
Nat**ter**	Kunste**isbahn**
Mietz**ins**	häns**eln**

Wörterbuch

Wortbedeutung 1

Schlage im Wörterbuch alle folgenden Wörter nach.
Suche nach der Bedeutung und schreibe sie neben das Wort auf das Blatt.

Etappe **Teilstrecke**	Schnauze
willkürlich	Mansarde
anspruchslos	tolpatschig
beteuern	Aal
Coach	missglücken
ködern	Öhr
keck	abmühen
Gebärde	Abenteuer
Linderung	Panorama
Lache	schrill
unversehens	Rain
nachsichtig	Herberge
Bouillon	Daune
hager	Fan
Span	übel
barsch	gnädig
Narbe	Pore
spreizen	umstritten
behaglich	Harnisch
Infektion	Idol
Schalk	Vagabund
zerknirscht	zuvorkommend
Kanister	Monstrum
wacker	Wanne
Kerbe	Notiz
Epoche	Gang
reglos	treuherzig

Wörterbuch

Wortbedeutung 1

Schlage im Wörterbuch alle folgenden Wörter nach.
Suche nach der Bedeutung und schreibe sie neben das Wort auf das Blatt.

Wort	Bedeutung	Wort	Bedeutung
Etappe	**Teilstrecke**	Schnauze	**Tiermaul**
willkürlich	**eigenmächtig**	Mansarde	**Dachkammer**
anspruchslos	**bescheiden**	tolpatschig	**ungeschickt**
beteuern	**versichern**	Aal	**schlangenartiger Fisch**
Coach	**Betreuer eines Sportlers**	missglücken	**nicht gelingen**
ködern	**anlocken**	Öhr	**Nadelloch**
keck	**kühn**	abmühen	**sich plagen**
Gebärde	**Bewegung**	Abenteuer	**spannendes Erlebnis**
Linderung	**Milderung**	Panorama	**Rundsicht**
Lache	**Pfütze**	schrill	**grell**
unversehens	**plötzlich**	Rain	**Abhang**
nachsichtig	**gütig, verzeihend**	Herberge	**Unterkunft**
Bouillon	**Fleischbrühe**	Daune	**feine Feder**
hager	**mager, dünn**	Fan	**begeisterter Anhänger**
Span	**Splitter**	übel	**schlecht**
barsch	**unfreundlich**	gnädig	**wohlwollend**
Narbe	**Wundmal**	Pore	**Hautöffnung**
spreizen	**auseinanderstellen**	umstritten	**umkämpft**
behaglich	**gemütlich**	Harnisch	**Brustpanzer**
Infektion	**Ansteckung**	Idol	**Publikumsliebling**
Schalk	**Spaßvogel**	Vagabund	**Landstreicher**
zerknirscht	**schuldbewusst**	zuvorkommend	**liebenswürdig**
Kanister	**Behälter für Flüssigkeiten**	Monstrum	**Ungeheuer**
wacker	**tüchtig**	Wanne	**Becken**
Kerbe	**Einschnitt**	Notiz	**Aufzeichnung**
Epoche	**Zeitabschnitt**	Gang	**Korridor**
reglos	**unbeweglich**	treuherzig	**arglos**

Wörterbuch

Wortbedeutung 2

Schlage im Wörterbuch alle folgenden Wörter nach.
Suche nach der Bedeutung und schreibe sie neben das Wort auf das Blatt.

Schlupfloch **Versteck**	Termin
vortrefflich	Zügel
abnormal	Föhn
Etikett	hegen
Laken	Medaille
Imitation	neckisch
Bekenntnis	Geschmeide
Wink	zwinkern
Apfelsine	enorm
Diät	Performance
Gardine	gräulich
Individuum	Pranke
unversehrt	rastlos
unermüdlich	verwegen
Wonne	wahrnehmen
stapeln	veräußern
populär	Ausflucht
kippen	kneifen
Schenke	träg(e)
vergebens	Schwall
streunen	Mörtel
Nachtrag	Konflikt
wehmütig	zaudern
Klatsch	Juwel
Lotterie	Drohne
Schlag	quitt

Wörterbuch — Wortbedeutung 2

Schlage im Wörterbuch alle folgenden Wörter nach.
Suche nach der Bedeutung und schreibe sie neben das Wort auf das Blatt.

Schlupfloch	**Versteck**	Termin	**Zeitpunkt, Frist**
vortrefflich	**ausgezeichnet**	Zügel	**Lenkriemen**
abnormal	**ungewöhnlich**	Föhn	**Fallwind**
Etikett	**Aufschrift**	hegen	**pflegen**
Laken	**Betttuch**	Medaille	**Gedenkmünze**
Imitation	**Nachahmung**	neckisch	**lustig**
Bekenntnis	**Geständnis**	Geschmeide	**Schmuck**
Wink	**Hinweis**	zwinkern	**blinzeln**
Apfelsine	**Orange**	enorm	**außerordentlich**
Diät	**Schonkost**	Performance	**Vorführung**
Gardine	**Vorhang**	gräulich	**abscheulich**
Individuum	**Einzelperson**	Pranke	**Tatze**
unversehrt	**unverletzt**	rastlos	**pausenlos**
unermüdlich	**fleißig**	verwegen	**tollkühn**
Wonne	**Freude, Glücksgefühl**	wahrnehmen	**bemerken**
stapeln	**anhäufen**	veräußern	**verkaufen**
populär	**beliebt**	Ausflucht	**Ausrede**
kippen	**umstürzen**	kneifen	**zwicken**
Schenke	**Gasthaus**	träg(e)	**faul**
vergebens	**umsonst**	Schwall	**Guss**
streunen	**umherstreichen**	Mörtel	**Baustoff, Bindemittel**
Nachtrag	**Ergänzung**	Konflikt	**Streit**
wehmütig	**traurig**	zaudern	**zögern**
Klatsch	**Geschwätz**	Juwel	**Edelstein**
Lotterie	**Glücksspiel**	Drohne	**männliche Biene**
Schlag	**Hieb**	quitt	**ausgeglichen**

Wortschatz

Verwandte Wörter 1

Verben	Nomen	Adjektive
greifen	**der Griff** (nicht: das Greifen)	**griffig** (nicht: greifend)
freuen		
fürchten		
		schläfrig
	der Schein	
träumen		
arbeiten		
	der Riss	
	der Regen	
		trinkbar
sprechen		
		leer
	der Stand	
		gläubig
fliehen		
halten		
	der Geruch	
		sicher
eilen		
ruhen		
		sparsam
hören		
zürnen		
		lieblich
glänzen		
treffen		
	der Fälscher	

Wortschatz

Verwandte Wörter 1

Verben	Nomen	Adjektive
greifen	**der Griff** (nicht: das Greifen)	**griffig** (nicht: greifend)
freuen	**die Freude**	**freudig**
fürchten	**die Furcht**	**furchtlos**
schlafen	**der Schlaf**	schläfrig
scheinen	der Schein	**scheinbar**
träumen	**der Traum**	**traumlos**
arbeiten	**die Arbeit**	**arbeitsam**
reißen	der Riss	**rissig**
regnen	der Regen	**regnerisch**
trinken	**der Trank**	trinkbar
sprechen	**die Sprache**	**sprachlos**
leeren	**die Leere**	leer
stehen	der Stand	**standhaft**
glauben	**der Glaube**	gläubig
fliehen	**die Flucht**	**flüchtig**
halten	**der Halt**	**haltlos**
riechen	der Geruch	**geruchlos**
sichern	**die Sicherheit**	sicher
eilen	**die Eile**	**eilig**
ruhen	**die Ruhe**	**ruhig**
sparen	**die Ersparnis**	sparsam
hören	**das Gehör**	**hörbar**
zürnen	**der Zorn**	**zornig**
lieben	**die Liebe**	lieblich
glänzen	**der Glanz**	**glanzlos**
treffen	**der Treffer**	**treffsicher**
fälschen	der Fälscher	**falsch**

Wortschatz

Verwandte Wörter 2

Verben	Nomen	Adjektive
greifen	**der Griff** (nicht: das Greifen)	**griffig** (nicht: greifend)
	der Brand	
wünschen		
		sorgfältig
brauchen		
		schließbar
		blutig
atmen		
wirken		
		schnittig
	der Streit	
	die Trennung	
		achtbar
schwingen		
	der Flug	
		nützlich
	die Hilfe	
lärmen		
retten		
	die Bewegung	
	die Ehre	
		tonlos
		räuberisch
empfinden		
schaden		
		pfiffig
		zahlbar

Wortschatz

Verwandte Wörter 2

Verben	Nomen	Adjektive
greifen	**der Griff** (nicht: das Greifen)	**griffig** (nicht: greifend)
brennen	der Brand	**brennbar**
wünschen	**der Wunsch**	**wunschlos**
sorgen	**die Sorge**	sorgfältig
brauchen	**der Brauch**	**brauchbar**
schließen	**das Schloss**	**schließbar**
bluten	**das Blut**	blutig
atmen	**der Atem**	**atemlos**
wirken	**die Wirkung**	**wirkungsvoll**
schneiden	**der Schnitt**	schnittig
streiten	der Streit	**streitsüchtig**
trennen	die Trennung	**trennbar**
achten	**die Achtung**	achtbar
schwingen	**der Schwung**	**schwungvoll**
fliegen	der Flug	**fliegerisch**
nutzen	**der Nutzen**	nützlich
helfen	die Hilfe	**hilfreich**
lärmen	**der Lärm**	**lärmig**
retten	**die Rettung**	**rettungslos**
bewegen	die Bewegung	**beweglich**
ehren	die Ehre	**ehrenhaft**
tönen	**der Ton**	tonlos
rauben	**der Raub**	**räuberisch**
empfinden	**die Empfindung**	**empfindlich**
schaden	**der Schaden**	**schädlich**
pfeifen	**der Pfiff**	pfiffig
zahlen	**die Zahlung**	zahlbar

Wortschatz

Achtung Endungen!

Ergänzt man alle Anfänge einer Gruppe mit der (gleichen!) passenden Endung, entstehen sinnvolle Nomen. Zwei der zur Wahl stehenden Endungen werden **nicht** gebraucht, bleiben also übrig.

-ger -bel -fe -ke -gen -der -ter -ste -chen -sche -ster -te -ge -fer -le -gel -se -be

Na___	Re___	Fra___	Rei___
Re___	Kra___	La___	Ha___
Se___	Wa___	Wie___	Na___
Flü___	Bo___	Kla___	Ho___
Vo___	Se___	Gei___	Spei___

Ru___	Trä___	Lei___	Stu___
Mie___	Ti___	Mie___	Re___
En___	La___	Ka___	Wa___
No___	Sie___	Wär___	Lie___
Pfo___	Sän___	Me___	Schei___

Ka___	Sei___	Fla___	We___
Na___	Pfei___	Wä___	Pi___
Bi___	Stu___	Ta___	Li___
Ho___	Tie___	Ni___	Pa___
Ru___	Nef___	Bro___	Ki___

Kä___	Bir___	Soh___	Fe___
Käu___	Wol___	Wei___	Ru___
Läu___	Nel___	Schu___	Bru___
Kof___	Stär___	Ei___	Mar___
Tref___	Gur___	Müh___	Le___

Wortschatz

Achtung Endungen!

Ergänzt man alle Anfänge einer Gruppe mit der (gleichen!) passenden Endung, entstehen sinnvolle Nomen. Zwei der zur Wahl stehenden Endungen werden **nicht** gebraucht, bleiben also übrig.

-ger -bel -fe -ke -gen -der -ter -ste -chen -sche -ster -te -ge -fer -le -gel -se -be

Na**gel**	Re**gen**	Fra**ge**	Rei**se**
Re**gel**	Kra**gen**	La**ge**	Ha**se**
Se**gel**	Wa**gen**	Wie**ge**	Na**se**
Flü**gel**	Bo**gen**	Kla**ge**	Ho**se**
Vo**gel**	Se**gen**	Gei**ge**	Spei**se**

Ru**te**	Trä**ger**	Lei**ter**	Stu**be**
Mie**te**	Ti**ger**	Mie**ter**	Re**be**
En**te**	La**ger**	Ka**ter**	Wa**be**
No**te**	Sie**ger**	Wär**ter**	Lie**be**
Pfo**te**	Sän**ger**	Me**ter**	Schei**be**

Ka**bel**	Sei**fe**	Fla**sche**	We**ste**
Na**bel**	Pfei**fe**	Wä**sche**	Pi**ste**
Bi**bel**	Stu**fe**	Ta**sche**	Li**ste**
Ho**bel**	Tie**fe**	Ni**sche**	Pa**ste**
Ru**bel**	Nef**fe**	Bro**sche**	Ki**ste**

Kä**fer**	Bir**ke**	Soh**le**	Fe**der**
Käu**fer**	Wol**ke**	Wei**le**	Ru**der**
Läu**fer**	Nel**ke**	Schu**le**	Bru**der**
Kof**fer**	Stär**ke**	Ei**le**	Mar**der**
Tref**fer**	Gur**ke**	Müh**le**	Le**der**

Wortschatz

Wie beginnt es nur?

Alle Wörter einer Gruppe haben den gleichen Anfang. Wählt man den richtigen, entstehen überall Nomen. Von den vorgeschlagenen Anfängen kann man **drei** nicht brauchen.

Ba- Be- Ga- Ha- Ha- He- Hi- Ka- La- Le- Li- Lu- Ma- Ma- Ne- Ra- Re- Ri- Sa- Ta- We-

Col1	Col2	Col3	Col4	Col5
_ _ l l	_ _ r n	_ _ s e	_ _ g e	_ _ s t
_ _ h n	_ _ s t	_ _ s t	_ _ u f	_ _ u s
_ _ r t	_ _ n s	_ _ l t	_ _ u t	_ _ i s
_ _ u m	_ _ b e	_ _ n d	_ _ s t	_ _ h l
_ _ n d	_ _ u l	_ _ u t	_ _ m m	_ _ r k
_ _ s s	_ _ n g	_ _ l m	_ _ n d	_ _ n n

_ _ n d	_ _ l d	_ _ i d	_ _ n d	_ _ s t
_ _ u m	_ _ f t	_ _ r z	_ _ s t	_ _ b e
_ _ h m	_ _ m d	_ _ o n	_ _ s s	_ _ d e
_ _ b e	_ _ r z	_ _ s t	_ _ t t	_ _ i f
_ _ s t	_ _ i m	_ _ u n	_ _ f f	_ _ c k
_ _ u b	_ _ r d	_ _ t z	_ _ n g	_ _ i s

_ _ m p f	_ _ b e r	_ _ s t e	_ _ t t e
_ _ t e r	_ _ i n e	_ _ e b e	_ _ l e r
_ _ t z e	_ _ h r e	_ _ n s e	_ _ r k e
_ _ s s e	_ _ s e r	_ _ t e r	_ _ s s e
_ _ n t e	_ _ e r e	_ _ n d e	_ _ s k e
_ _ b e l	_ _ d e r	_ _ p p e	_ _ u e r

_ _ f e n	_ _ n g e	_ _ t t e	_ _ n t e
_ _ f e r	_ _ x u s	_ _ i l e	_ _ n n e
_ _ c k e	_ _ c h s	_ _ s t e	_ _ s t e
_ _ l d e	_ _ d e r	_ _ l l e	_ _ b a k
_ _ r f e	_ _ r c h	_ _ s p e	_ _ u b e
_ _ u p t	_ _ n t e	_ _ s e n	_ _ p i r

Wortschatz

Wie beginnt es nur?

Alle Wörter einer Gruppe haben den gleichen Anfang. Wählt man den richtigen, entstehen überall Nomen. Von den vorgeschlagenen Anfängen kann man **drei** nicht brauchen.

Ba- Be- Ga- Ha- Ha- He- Hi- Ka- La- Le- Li- Lu- Ma- Ma- Ne- Ra- Re- Ri- Sa- Ta- We-

Ball	Garn	Hase	Lage	Mast
Bahn	Gast	Hast	Lauf	Maus
Bart	Gans	Halt	Laut	Mais
Baum	Gabe	Hand	Last	Mahl
Band	Gaul	Haut	Lamm	Mark
Bass	Gang	Halm	Land	Mann

Rand	Held	Neid	Rind	Rest
Raum	Heft	Nerz	Rist	Rebe
Rahm	Hemd	Neon	Riss	Rede
Rabe	Herz	Nest	Ritt	Reif
Rast	Heim	Neun	Riff	Reck
Raub	Herd	Netz	Ring	Reis

Kampf	Leber	Liste	Matte
Kater	Leine	Liebe	Maler
Katze	Lehre	Linse	Marke
Kasse	Leser	Liter	Masse
Kante	Leere	Linde	Maske
Kabel	Leder	Lippe	Mauer

Hafen	Lunge	Wette	Tante
Hafer	Luxus	Weile	Tanne
Hacke	Luchs	Weste	Taste
Halde	Luder	Welle	Tabak
Harfe	Lurch	Wespe	Taube
Haupt	Lunte	Wesen	Tapir

Wortschatz

Warum glitzert der Reif?

Der _____ an den Bäumen glitzert in der Sonne.
Der goldene _____ ist mit Edelsteinen besetzt.

Ich reite am liebsten auf diesem _____.
Der _____ hat die Konfitüre ungenießbar gemacht.

Jeder Schüler schreibt einen Satz an die _____.
Die Gesellschaft setzt sich an die festliche _____.

Der _____ krähte schon in aller Frühe.
Hörst du nicht, dass der _____ tropft?

Ich schließe den _____, damit es nicht hineinregnet.
Weißt du, wie lange der _____ am Samstag geöffnet hat?

Bei dieser _____ fehlt eine Sprosse.
Den _____ des Skilagers kennen wir schon lange.

Das _____ verurteilte den Übeltäter.
Der Koch stellte den Gästen ein köstliches _____ hin.

Am frühen Morgen liegt _____ auf den Gräsern.
Der Matrose schlingt das _____ um den Pfosten.

Wenn du ihn so rühmst, wird er ganz _____.
Wie kannst du auch nur immer deinen Schlüssel _____!

Die Künstlerin formt eine Vase aus _____.
Thomas ist so heiser, dass er keinen _____ herausbringt.

Vor dem Ausrücken _____ alle Lagerteilnehmer ihre Ski.
Es ist kaum zu glauben, wie schnell die kleinen Kätzchen _____.

Die Mutter _____ das schreiende Baby in ihren Armen.
Wie viel _____ das Paket?

Wortschatz

Warum glitzert der Reif?

Der __Reif__ an den Bäumen glitzert in der Sonne.
Der goldene __Reif__ ist mit Edelsteinen besetzt.

Das __Gericht__ verurteilte den Übeltäter.
Der Koch stellte den Gästen ein köstliches __Gericht__ hin.

Ich reite am liebsten auf diesem __Schimmel__.
Der __Schimmel__ hat die Konfitüre ungenießbar gemacht.

Am frühen Morgen liegt __Tau__ auf den Gräsern.
Der Matrose schlingt das __Tau__ um den Pfosten.

Jeder Schüler schreibt einen Satz an die __Tafel__.
Die Gesellschaft setzt sich an die festliche __Tafel__.

Wenn du ihn so rühmst, wird er ganz __verlegen__.
Wie kannst du auch nur immer deinen Schlüssel __verlegen__!

Der __Hahn__ krähte schon in aller Frühe.
Hörst du nicht, dass der __Hahn__ tropft?

Die Künstlerin formt eine Vase aus __Ton__.
Thomas ist so heiser, dass er keinen __Ton__ herausbringt.

Ich schließe den __Laden__, damit es nicht hineinregnet.
Weißt du, wie lange der __Laden__ am Samstag geöffnet hat?

Vor dem Ausrücken __wachsen__ alle Lagerteilnehmer ihre Ski.
Es ist kaum zu glauben, wie schnell die kleinen Kätzchen __wachsen__.

Bei dieser __Leiter__ fehlt eine Sprosse.
Den __Leiter__ des Skilagers kennen wir schon lange.

Die Mutter __wiegt__ das schreiende Baby in ihren Armen.
Wie viel __wiegt__ das Paket?

Wortschatz — Der Pickel stört im Gesicht!

Das Gesicht des Jungen war durch _____ entstellt.

Der Bergsteiger schlägt mit dem _____ Stufen ins Eis.

Noch lange _____ die Hausbewohner über die Mieter.

Die Zuschauer _____ den Musikern begeistert Beifall.

Bei diesem Schmuckstück ist der _____ an Gold sehr gering.

Die Managerin bezieht ein fürstliches _____.

Der Feuerwehrmann brauchte seine ganze Kraft, um den Ohnmächtigen ins Freie zu _____.

Lass endlich die stumpfe Schere _____.

Die Worte der Pfarrerin haben die Gemeinde tief _____.

Das Auto ist im Schnee stecken geblieben und _____ sich weder vor- noch rückwärts.

Das _____ des Messers besteht aus Holz.

Eifrig schreibt Regine in ihr _____.

Ich brauche für meinen Zirkel eine neue _____.

Diese _____ ist nicht mehr ergiebig, man findet hier kaum noch Gold.

Die _____, welche vor dem Gebäude explodierte, richtete zum Glück nur Sachschaden an.

Der _____ putzt mit dem Schnabel sein Gefieder.

Die alte Mann sieht fast nichts mehr, denn er hat den grauen _____.

Der weltberühmte _____ spielt in diesem Film die Hauptrolle.

Ich habe das Wort im zweiten _____ des Lexikons gefunden.

Die Haare werden von einem _____ zusammengehalten.

Die jugendlichen Zuhörer jubelten der _____ begeistert zu.

Wortschatz — Der Pickel stört im Gesicht!

Das Gesicht des Jungen war durch __Pickel__ entstellt.

Der Bergsteiger schlägt mit dem __Pickel__ Stufen ins Eis.

Noch lange __klatschen__ die Hausbewohner über die Mieter.

Die Zuschauer __klatschen__ den Musikern begeistert Beifall.

Bei diesem Schmuckstück ist der __Gehalt__ an Gold sehr gering.

Die Managerin bezieht ein fürstliches __Gehalt__.

Der Feuerwehrmann brauchte seine ganze Kraft, um den Ohnmächtigen ins Freie zu __schleifen__.

Lass endlich die stumpfe Schere __schleifen__.

Die Worte der Pfarrerin haben die Gemeinde tief __bewegt__.

Das Auto ist im Schnee stecken geblieben und __bewegt__ sich weder vor- noch rückwärts.

Das __Heft__ des Messers besteht aus Holz.

Eifrig schreibt Regine in ihr __Heft__.

Ich brauche für meinen Zirkel eine neue __Mine__.

Diese __Mine__ ist nicht mehr ergiebig, man findet hier kaum noch Gold.

Die __Mine__, welche vor dem Gebäude explodierte, richtete zum Glück nur Sachschaden an.

Der __Star__ putzt mit dem Schnabel sein Gefieder.

Die alte Mann sieht fast nichts mehr, denn er hat den grauen __Star__.

Der weltberühmte __Star__ spielt in diesem Film die Hauptrolle.

Ich habe das Wort im zweiten __Band__ des Lexikons gefunden.

Die Haare werden von einem __Band__ zusammengehalten.

Die jugendlichen Zuhörer jubelten der __Band__ begeistert zu.

Wortschatz

Was tut der Schopf auf dem Kopf?

Der Friseur empfahl dem Kunden ein spezielles Shampoo gegen _____.

Die Gartengeräte sind im _____ verstaut.

Der _____ ließ sich von einem christlichen Missionar taufen.

Hier erstreckt sich die _____ über viele Kilometer.

Der modische Rock im Schaufenster _____ nur 25 Euro.

Der Vater _____ die Suppe, die er nach einem neuen Rezept gekocht hat.

Die _____ der Biene entwickelt sich unglaublich schnell.

Sie versteckte ihr Gesicht hinter einer schrecklichen _____.

Der Bote brachte die _____ vom Sieg des königlichen Heeres.

Der _____ beschwert sich, weil er zu lange warten muss.

Er singt schon seit vielen Jahren in diesem _____.

Die Glasfenster in diesem _____ wurden von einem bedeutenden Künstler geschaffen.

Sprich bitte _____!

Ich kann es nicht ausstehen, wenn ihr _____ dummes Zeug redet!

In dieser _____ findet nur selten ein Gottesdienst statt.

Die _____ spielte den ganzen Abend Tango.

Nach dem Unfall wurde er am _____ operiert.

Am Waldrand steht eine hohe _____.

Die Mutter gibt Evi den _____, genügend warme Kleider mitzunehmen.

Im _____ sitzen Frauen und Männer.

Wortschatz

Was tut der Schopf auf dem Kopf?

Der Friseur empfahl dem Kunden ein spezielles Shampoo gegen __Schuppen__.
Die Gartengeräte sind im __Schuppen__ verstaut.

Der __Heide__ ließ sich von einem christlichen Missionar taufen.
Hier erstreckt sich die __Heide__ über viele Kilometer.

Der modische Rock im Schaufenster __kostet__ nur 25 Euro.
Der Vater __kostet__ die Suppe, die er nach einem neuen Rezept gekocht hat.

Die __Larve__ der Biene entwickelt sich unglaublich schnell.
Sie versteckte ihr Gesicht hinter einer schrecklichen __Larve__.

Der Bote brachte die __Kunde__ vom Sieg des königlichen Heeres.
Der __Kunde__ beschwert sich, weil er zu lange warten muss.

Er singt schon seit vielen Jahren in diesem __Chor__.
Die Glasfenster in diesem __Chor__ wurden von einem bedeutenden Künstler geschaffen.

Sprich bitte __lauter__!
Ich kann es nicht ausstehen, wenn ihr __lauter__ dummes Zeug redet!

In dieser __Kapelle__ findet nur selten ein Gottesdienst statt.
Die __Kapelle__ spielte den ganzen Abend Tango.

Nach dem Unfall wurde er am __Kiefer__ operiert.
Am Waldrand steht eine hohe __Kiefer__.

Die Mutter gibt Evi den __Rat__, genügend warme Kleider mitzunehmen.
Im __Rat__ sitzen Frauen und Männer.

Wortschatz

Was stimmt? 1

Kreuze überall die zutreffende Erklärung an.

Lärche	☐ Laubbaum ☐ Singvogel ☐ Nadelbaum
neulich	☐ nicht mehr ganz neu ☐ kürzlich ☐ wie neu aussehend
köstlich	☐ ausgezeichnet, entzückend ☐ überaus teuer ☐ von hohem Wert
entwenden	☐ abwenden ☐ auf die andere Seite drehen ☐ stehlen
schlürfen	☐ geräuschvoll trinken ☐ schleppend gehen ☐ die Füße auf dem Boden nachziehen
treuherzig	☐ niedlich, trollig ☐ arglos, vertrauend ☐ hübsch, spaßig
Zaun	☐ Kopflederzeug für Pferde ☐ Gartenmauer ☐ Einfassung
Abstecher	☐ einen kleinen Teil abstechen ☐ Ausflug, der nicht zum normalen Weg gehört ☐ mit dem Stecheisen abgetrenntes Stück
Guthaben	☐ Geldsumme, die mir zur Verfügung steht ☐ großes Bauerngut ☐ bei jemandem gut aufgehoben sein
Geschmack	☐ Aroma, Art, wie etwas schmeckt ☐ angenehmer, würziger Duft ☐ Gestank
Fichte	☐ Föhre ☐ einheimischer Laubbaum ☐ Rottanne
ständig	☐ unerschütterlich ☐ dauernd, fortwährend ☐ aufrecht

Wortschatz — Was stimmt? 1

Kreuze überall die zutreffende Erklärung an.

Lärche
- [ ] Laubbaum
- [ ] Singvogel
- [x] Nadelbaum

neulich
- [ ] nicht mehr ganz neu
- [x] kürzlich
- [ ] wie neu aussehend

köstlich
- [x] ausgezeichnet, entzückend
- [ ] überaus teuer
- [ ] von hohem Wert

entwenden
- [ ] abwenden
- [ ] auf die andere Seite drehen
- [x] stehlen

schlürfen
- [x] geräuschvoll trinken
- [ ] schleppend gehen
- [ ] die Füße auf dem Boden nachziehen

treuherzig
- [ ] niedlich, trollig
- [x] arglos, vertrauend
- [ ] hübsch, spaßig

Zaun
- [ ] Kopflederzeug für Pferde
- [ ] Gartenmauer
- [x] Einfassung

Abstecher
- [ ] einen kleinen Teil abstechen
- [x] Ausflug, der nicht zum normalen Weg gehört
- [ ] mit dem Stecheisen abgetrenntes Stück

Guthaben
- [x] Geldsumme, die mir zur Verfügung steht
- [ ] großes Bauerngut
- [ ] bei jemandem gut aufgehoben sein

Geschmack
- [x] Aroma, Art, wie etwas schmeckt
- [ ] angenehmer, würziger Duft
- [ ] Gestank

Fichte
- [ ] Föhre
- [ ] einheimischer Laubbaum
- [x] Rottanne

ständig
- [ ] unerschütterlich
- [x] dauernd, fortwährend
- [ ] aufrecht

Wortschatz — Was stimmt? 2

Kreuze überall die zutreffende Erklärung an.

verstohlen	☐ heimlich, unauffällig ☐ im Geheimen geraubt ☐ von Einbrechern weggebracht
unentgeltlich	☐ ungültig ☐ kostenlos ☐ so teuer, dass man es nicht bezahlen kann
Amateur	☐ Nichtfachmann, tut etwas aus Liebhaberei ☐ Anfänger, der noch viel lernen muss ☐ jemand, der etwas mangelhaft macht
geborgen	☐ beschützt, in Sicherheit ☐ sehr gut versteckt ☐ unauffindbar
Autogramm	☐ Gesamtgewicht eines Autos ☐ eigenhändig geschriebener Name ☐ kleines Gewicht, Teil eines Gramms
jährlich	☐ jahrelang ☐ ein ganzes Jahr lang ☐ jedes Jahr wiederkehrend
Matsch	☐ Wettkampf, Wettspiel ☐ Partie, Turnier ☐ weiche Masse
Überschrift	☐ Korrektur ☐ Titel ☐ über das andere Wort geschrieben
Vergeltung	☐ angemessene Bezahlung nach einem Kauf ☐ Abrechnung, Heimzahlung ☐ Geldbetrag für eine Leistung
schnittig	☐ frisch geschliffen ☐ sportlich elegant ☐ schneidet so gut, dass es gefährlich ist
leck	☐ Ausruf des Erstaunens ☐ toll, lässig ☐ undicht
schweißen	☐ viel Schweiß ausscheiden ☐ nach Schweiß riechen ☐ Metalle verbinden

Wortschatz — Was stimmt? 2

Kreuze überall die zutreffende Erklärung an.

verstohlen
- [x] heimlich, unauffällig
- [ ] im Geheimen geraubt
- [ ] von Einbrechern weggebracht

unentgeltlich
- [ ] ungültig
- [x] kostenlos
- [ ] so teuer, dass man es nicht bezahlen kann

Amateur
- [x] Nichtfachmann, tut etwas aus Liebhaberei
- [ ] Anfänger, der noch viel lernen muss
- [ ] jemand, der etwas mangelhaft macht

geborgen
- [x] beschützt, in Sicherheit
- [ ] sehr gut versteckt
- [ ] unauffindbar

Autogramm
- [ ] Gesamtgewicht eines Autos
- [x] eigenhändig geschriebener Name
- [ ] kleines Gewicht, Teil eines Gramms

jährlich
- [ ] jahrelang
- [ ] ein ganzes Jahr lang
- [x] jedes Jahr wiederkehrend

Matsch
- [ ] Wettkampf, Wettspiel
- [ ] Partie, Turnier
- [x] weiche Masse

Überschrift
- [ ] Korrektur
- [x] Titel
- [ ] über das andere Wort geschrieben

Vergeltung
- [ ] angemessene Bezahlung nach einem Kauf
- [x] Abrechnung, Heimzahlung
- [ ] Geldbetrag für eine Leistung

schnittig
- [ ] frisch geschliffen
- [x] sportlich elegant
- [ ] schneidet so gut, dass es gefährlich ist

leck
- [ ] Ausruf des Erstaunens
- [ ] toll, lässig
- [x] undicht

schweißen
- [ ] viel Schweiß ausscheiden
- [ ] nach Schweiß riechen
- [x] Metalle verbinden

Wortschatz — „Kuckukseier" 1

Streiche in jeder Zeile das Wort durch, das nicht zu den anderen passt.

bleich	blass	fahl	krank
schimpfen	befehlen	tadeln	schelten
Ausrede	Vorschlag	Rat	Tipp
einwandfrei	fehlerlos	teuer	vollkommen
bitten	entschuldigen	verzeihen	vergeben
schmatzen	aufessen	verspeisen	verschlingen
neugierig	überrascht	erstaunt	verwundert
übel	böse	schlimm	listig
Tür	Schwelle	Eingang	Pforte
Lärm	Krach	Unordnung	Getöse
geschickt	fleißig	tüchtig	arbeitsam
ausgezeichnet	hervorragend	brauchbar	vorzüglich
Stoff	Rock	Gewebe	Tuch
wegnehmen	entwenden	brauchen	stehlen
häufig	andauernd	pausenlos	unaufhörlich
seltsam	listig	eigentümlich	merkwürdig
schnell	rasch	geschwind	bald
brav	pfiffig	schlau	listig
sauber	fleckenlos	glänzend	rein
retten	suchen	erlösen	befreien
reich	wichtig	wohlhabend	vermögend
stolzieren	aufschneiden	prahlen	angeben
Nachricht	Kunde	Zeitung	Botschaft
abschließend	nachher	danach	anschließend
Mut	Tapferkeit	Geduld	Unerschrockenheit
mitteilen	mahnen	erzählen	berichten
Zustand	Fehler	Schaden	Mangel

Wortschatz

"Kuckuckseier" 1

Streiche in jeder Zeile das Wort durch, das nicht zu den anderen passt.

bleich	blass	fahl	~~krank~~
schimpfen	~~befehlen~~	tadeln	schelten
~~Ausrede~~	Vorschlag	Rat	Tipp
einwandfrei	fehlerlos	~~teuer~~	vollkommen
~~bitten~~	entschuldigen	verzeihen	vergeben
~~schmatzen~~	aufessen	verspeisen	verschlingen
~~neugierig~~	überrascht	erstaunt	verwundert
übel	böse	schlimm	~~listig~~
Tür	~~Schwelle~~	Eingang	Pforte
Lärm	Krach	~~Unordnung~~	Getöse
~~geschickt~~	fleißig	tüchtig	arbeitsam
ausgezeichnet	hervorragend	~~brauchbar~~	vorzüglich
Stoff	~~Rock~~	Gewebe	Tuch
wegnehmen	entwenden	~~brauchen~~	stehlen
~~häufig~~	andauernd	pausenlos	unaufhörlich
seltsam	~~listig~~	eigentümlich	merkwürdig
schnell	rasch	geschwind	~~bald~~
~~brav~~	pfiffig	schlau	listig
sauber	fleckenlos	~~glänzend~~	rein
retten	~~suchen~~	erlösen	befreien
reich	~~wichtig~~	wohlhabend	vermögend
~~stolzieren~~	aufschneiden	prahlen	angeben
Nachricht	Kunde	~~Zeitung~~	Botschaft
~~abschließend~~	nachher	danach	anschließend
Mut	Tapferkeit	~~Geduld~~	Unerschrockenheit
mitteilen	~~mahnen~~	erzählen	berichten
~~Zustand~~	Fehler	Schaden	Mangel

Wortschatz

„Kuckuckseier" 2

Streiche in jeder Zeile das Wort durch, das nicht zu den anderen passt.

wichtig	wesentlich	bedeutsam	eindrücklich
Antwort	Vorwurf	Tadel	Rüge
vorschlagen	verlangen	empfehlen	anregen
ganz	restlos	sicher	völlig
vielleicht	allenfalls	immer	möglicherweise
bitten	verlangen	fordern	begehren
belanglos	nebensächlich	besonders	unwichtig
Streit	Abneigung	Zank	Unfriede
dumm	fürchterlich	schrecklich	entsetzlich
Vermählung	Verlobung	Heirat	Eheschließung
Ort	Stelle	Platz	Stadt
schätzen	gebrauchen	verwenden	benützen
gleich	sofort	unverzüglich	gelegentlich
Fehler	Versehen	Täuschung	Irrtum
hübsch	brav	anmutig	lieblich
angesehen	zutraulich	geschätzt	geachtet
fröhlich	zuvorkommend	höflich	aufmerksam
säubern	glänzen	reinigen	putzen
jeder	einige	alle	sämtliche
bersten	zerspringen	zerquetschen	zerplatzen
kaufen	bezahlen	erwerben	anschaffen
fleißig	arbeitsam	gehorsam	emsig
bewahren	fühlen	empfinden	spüren
bestürzt	begeistert	entzückt	hingerissen
spannend	fesselnd	packend	fantastisch
falsch	schlecht	unrichtig	unzutreffend
laut	vernehmlich	spürbar	geräuschvoll

Wortschatz

„Kuckuckseier" 2

Streiche in jeder Zeile das Wort durch, das nicht zu den anderen passt.

wichtig	wesentlich	bedeutsam	~~eindrücklich~~
~~Antwort~~	Vorwurf	Tadel	Rüge
vorschlagen	~~verlangen~~	empfehlen	anregen
ganz	restlos	~~sicher~~	völlig
vielleicht	allenfalls	~~immer~~	möglicherweise
~~bitten~~	verlangen	fordern	begehren
belanglos	nebensächlich	~~besonders~~	unwichtig
Streit	~~Abneigung~~	Zank	Unfriede
~~dumm~~	fürchterlich	schrecklich	entsetzlich
Vermählung	~~Verlobung~~	Heirat	Eheschließung
Ort	Stelle	Platz	~~Stadt~~
~~schätzen~~	gebrauchen	verwenden	benützen
gleich	sofort	unverzüglich	~~gelegentlich~~
Fehler	Versehen	~~Täuschung~~	Irrtum
hübsch	~~brav~~	anmutig	lieblich
angesehen	~~zutraulich~~	geschätzt	geachtet
~~fröhlich~~	zuvorkommend	höflich	aufmerksam
säubern	~~glänzen~~	reinigen	putzen
jeder	~~einige~~	alle	sämtliche
bersten	zerspringen	~~zerquetschen~~	zerplatzen
kaufen	~~bezahlen~~	erwerben	anschaffen
fleißig	arbeitsam	~~gehorsam~~	emsig
~~bewahren~~	fühlen	empfinden	spüren
~~bestürzt~~	begeistert	entzückt	hingerissen
spannend	fesselnd	packend	~~fantastisch~~
falsch	~~schlecht~~	unrichtig	unzutreffend
laut	vernehmlich	~~spürbar~~	geräuschvoll

Wortschatz — Ähnliche Bedeutungen 1

Im folgenden Abschnitt weisen je drei Wörter eine ähnliche Bedeutung auf.
Schreibe die drei zusammenpassenden Wörter nebeneinander in die Kästchen.

Restaurant	Kopf	Stoß	klug	Geruch	Schnappschuss
Abneigung	verärgert	Hieb	gestehen	gescheit	Schädel
empört	Wirtschaft	bekennen	aushalten	Gasthaus	Widerwille
Aroma	Hass	Haupt	Aufnahme	entrüstet	Schlag
Duft	intelligent	erdulden	durchmachen	Foto	zugeben

Wortschatz — Ähnliche Bedeutungen 1

Im folgenden Abschnitt weisen je drei Wörter eine ähnliche Bedeutung auf.
Schreibe die drei zusammenpassenden Wörter nebeneinander in die Kästchen.

Restaurant	Kopf	Stoß	klug	Geruch	Schnappschuss
Abneigung	verärgert	Hieb	gestehen	gescheit	Schädel
empört	Wirtschaft	bekennen	aushalten	Gasthaus	Widerwille
Aroma	Hass	Haupt	Aufnahme	entrüstet	Schlag
Duft	intelligent	erdulden	durchmachen	Foto	zugeben

Restaurant	Gasthaus	Wirtschaft
klug	intelligent	gescheit
Hieb	Stoß	Schlag
empört	entrüstet	verärgert
Haupt	Kopf	Schädel
Duft	Geruch	Aroma
Foto	Aufnahme	Schnappschuss
gestehen	zugeben	bekennen
Widerwille	Abneigung	Hass
erdulden	aushalten	durchmachen

Wortschatz — Ähnliche Bedeutungen 2

Im folgenden Abschnitt weisen je drei Wörter eine ähnliche Bedeutung auf.
Schreibe die drei zusammenpassenden Wörter nebeneinander in die Kästchen.

Herde	Lohn	dreist	Bauwerk	Streit	Einfall
Ende	fordern	Abschluss	vermeiden	Rudel	flink
frech	verlangen	Zwist	Idee	Gebäude	umgehen
Gehalt	Meute	schnell	Unfriede	behände	Besoldung
Gedanke	unverschämt	begehren	ausweichen	Ausgang	Haus

Wortschatz — Ähnliche Bedeutungen 2

Im folgenden Abschnitt weisen je drei Wörter eine ähnliche Bedeutung auf.
Schreibe die drei zusammenpassenden Wörter nebeneinander in die Kästchen.

Herde	Lohn	dreist	Bauwerk	Streit	Einfall
Ende	fordern	Abschluss	vermeiden	Rudel	flink
frech	verlangen	Zwist	Idee	Gebäude	umgehen
Gehalt	Meute	schnell	Unfriede	behände	Besoldung
Gedanke	unverschämt	begehren	ausweichen	Ausgang	Haus

Herde	Rudel	Meute
Streit	Unfriede	Zwist
Abschluss	Ausgang	Ende
frech	unverschämt	dreist
Gebäude	Haus	Bauwerk
schnell	behände	flink
Gedanke	Einfall	Idee
Lohn	Gehalt	Besoldung
vermeiden	umgehen	ausweichen
verlangen	begehren	fordern

Wortschatz

sredna se tßieh sträwkcüR

Liest man gewisse Wörter rückwärts, ergibt sich wieder ein sinnvolles Wort.

Suche die fehlenden Wörter.

Position	**Lage**	**egal**	einerlei
Niederschlag			rassistischer Begriff für Schwarzer
zu keiner Zeit			gehört zum Nomen
Werkzeug			gute Eigenschaft
Meeresbucht oder Sportart			Verb in der Vergangenheitsform
Ernte			Langohr
Vorrat			Gestell
Riemen			Verb in der Vergangenheitsform
Glück			Verb in der Vergangenheitsform
Farbe			spielt im Fußball eine Rolle
wertloses Zeug			in den Knochen
Haare im Gesicht			Gangart
Pflanze			männliches Tier
hört man			Gefahr, Bedrängnis
Sarkophag			wächst auf der Wiese
viele kleinste Wassertröpfchen			Dasein
nicht „er"			kalte Speisen
Wirkung, Einwirkung			Schmuck

Wortschatz

sredna se tßieh sträwkcüR

Liest man gewisse Wörter rückwärts, ergibt sich wieder ein sinnvolles Wort.

Suche die fehlenden Wörter.

Position	**Lage**	**egal**	einerlei
Niederschlag	**Regen**	**Neger**	rassistischer Begriff für Schwarzer
zu keiner Zeit	**nie**	**ein**	gehört zum Nomen
Werkzeug	**Beil**	**lieb**	gute Eigenschaft
Meeresbucht oder Sportart	**Golf**	**flog**	Verb in der Vergangenheitsform
Ernte	**Lese**	**Esel**	Langohr
Vorrat	**Lager**	**Regal**	Gestell
Riemen	**Gurt**	**trug**	Verb in der Vergangenheitsform
Glück	**Heil**	**lieh**	Verb in der Vergangenheitsform
Farbe	**rot**	**Tor**	spielt im Fußball eine Rolle
wertloses Zeug	**Kram**	**Mark**	in den Knochen
Haare im Gesicht	**Bart**	**Trab**	Gangart
Pflanze	**Rebe**	**Eber**	männliches Tier
hört man	**Ton**	**Not**	Gefahr, Bedrängnis
Sarkophag	**Sarg**	**Gras**	wächst auf der Wiese
viele kleinste Wassertröpfchen	**Nebel**	**Leben**	Dasein
nicht „er"	**sie**	**Eis**	kalte Speisen
Wirkung, Einwirkung	**Reiz**	**Zier**	Schmuck

Wortschatz — Alles Menschen ...

- Wer sich bei jeder Gelegenheit fürchtet, ist ein _____ .

- Diese _____ kann einfach den Mund nicht halten.

- Von diesem _____ bekommst du sicher keinen einzigen Cent.

- Wer so lange im Bett liegt, ist eine richtige _____ .

- Der kleine _____ hat wieder alles verschmiert.

- Geh endlich an deine Arbeit, du _____ .

- Dieser _____ hat in der Lotterie das große Los gewonnen.

- Wer es schlau anstellt, ist ein _____ .

- Wer immer frech ist, wird als _____ bezeichnet.

- Lass mich endlich in Ruhe, du kleiner _____ .

- Wer immer seinen Willen durchsetzen will, ist ein _____ .

- Dieser _____ ist zu bedauern, ihm gelingt einfach nie etwas.

- Einen stets verdrießlichen, schlecht gelaunten Menschen nennt man einen _____ .

- Wer ständig Streit sucht, ist ein _____ .

- Dieser _____ bringt uns mit seinen Aussprüchen immer zum Lachen.

- Wer sich vor jeder Arbeit zu drücken versucht, ist ein _____ .

- Dieser _____ bringt uns mit seinen Streichen fast zur Verzweiflung.

Wortschatz — Alles Menschen …

Wer sich bei jeder Gelegenheit fürchtet, ist ein **Angsthase**.

Diese **Klatschbase** kann einfach den Mund nicht halten.

Von diesem **Geizhals** bekommst du sicher keinen einzigen Cent.

Wer so lange im Bett liegt, ist eine richtige **Schlafmütze**.

Der kleine **Schmutzfink** hat wieder alles verschmiert.

Geh endlich an deine Arbeit, du **Faulpelz**.

Dieser **Glückspilz** hat in der Lotterie das große Los gewonnen.

Wer es schlau anstellt, ist ein **Schlaumeier**.

Wer immer frech ist, wird als **Frechdachs** bezeichnet.

Lass mich endlich in Ruhe, du kleiner **Quälgeist**.

Wer immer seinen Willen durchsetzen will, ist ein **Dickkopf**.

Dieser **Pechvogel** ist zu bedauern, ihm gelingt einfach nie etwas.

Einen stets verdrießlichen, schlecht gelaunten Menschen nennt man einen **Griesgram**.

Wer ständig Streit sucht, ist ein **Streithahn**.

Dieser **Spaßvogel** bringt uns mit seinen Aussprüchen immer zum Lachen.

Wer sich vor jeder Arbeit zu drücken versucht, ist ein **Drückeberger**.

Dieser **Lausbube** bringt uns mit seinen Streichen fast zur Verzweiflung.

Wortschatz

„Wortzwillinge"

In jede Lücke gehört ein Wortpaar, darunter schreibt man die entsprechende Erklärung.

Wortpaare

Ecken und Enden
Stumpf und Stiel
hoch und heilig
Saus und Braus
Kopf und Kragen
Hülle und Fülle
Samt und Seide
fix und fertig
Sack und Pack
kurz oder lang

Erklärungen

ganz fest
mit allem
das Leben
überall
kostbar
völlig
gelegentlich
verschwenderisch
erschöpft
im Überfluss

Sie wanderten ___mit Kind und Kegel___ nach Amerika aus.
Sie wanderten ___mit der ganzen Familie___ nach Amerika aus.

Die Feriengäste reisten _____ ab.
_____

Dieser Geschäftsmann besitzt Geld in _____.
_____

Nach dem langen Arbeitstag war ich _____.
_____

Die Königin war in _____ gekleidet.
_____

Der Akrobat riskiert _____.
_____

In diesem Haus fehlt es an allen _____.
_____

Er wird es mir über _____ doch erzählen.
_____

Michael verspricht es dem Vater _____.
_____

Das Unkraut wurde mit _____ ausgerottet.
_____

Im Schlaraffenland leben die Leute in _____.
_____

Wortschatz   „Wortzwillinge"

In jede Lücke gehört ein Wortpaar, darunter schreibt man die entsprechende Erklärung.

Wortpaare

Ecken und Enden
Stumpf und Stiel
hoch und heilig
Saus und Braus
Kopf und Kragen
Hülle und Fülle
Samt und Seide
fix und fertig
Sack und Pack
kurz oder lang

Erklärungen

ganz fest
mit allem
das Leben
überall
kostbar
völlig
gelegentlich
verschwenderisch
erschöpft
im Überfluss

Sie wanderten _____mit Kind und Kegel_____ nach Amerika aus.
Sie wanderten _____mit der ganzen Familie_____ nach Amerika aus.

Die Feriengäste reisten _____mit Sack und Pack_____ ab.
_____mit allem_____

Dieser Geschäftsmann besitzt Geld in _____Hülle und Fülle_____.
_____im Überfluss_____

Nach dem langen Arbeitstag war ich _____fix und fertig_____.
_____erschöpft_____

Die Königin war in _____Samt und Seide_____ gekleidet.
_____kostbar_____

Der Akrobat riskiert _____Kopf und Kragen_____.
_____das Leben_____

In diesem Haus fehlt es an allen _____Ecken und Enden_____.
_____überall_____

Er wird es mir über _____kurz oder lang_____ doch erzählen.
_____gelegentlich_____

Michael verspricht es dem Vater _____hoch und heilig_____.
_____ganz fest_____

Das Unkraut wurde mit _____Stumpf und Stiel_____ ausgerottet.
_____völlig_____

Im Schlaraffenland leben die Leute in _____Saus und Braus_____.
_____verschwenderisch_____

Wortschatz

Wortreihen

Gültig sind alle Formen von Wörtern. Um das nächste Wort zu bilden, darf man nur **einen** Buchstaben verändern. Es darf nicht zweimal **hintereinander** der Buchstabe am gleichen Platz (z.B. erster Buchstabe) verändert werden.

Versuche es zuerst mit den neben und unten stehenden Wörtern.

L	E	G	E	N
L	A	G	E	N
L	A	S	E	N
L	E	S	E	N
L	E	S	E	R
L	E	B	E	R
L	E	B	E	N
H	E	B	E	N
H	E	B	E	L
N	E	B	E	L
N	A	B	E	L
N	A	G	E	L

BAR

RAND

BESEN

Wenn alle Plätze besetzt sind, kannst du die Reihen noch weiterführen.

Versuche es anschließend auch noch mit eigenen Anfangswörtern.

MELDEN

RENNEN

Wortschatz

Wortreihen

Gültig sind alle Formen von Wörtern. Um das nächste Wort zu bilden, darf man nur **einen** Buchstaben verändern. Es darf nicht zweimal **hintereinander** der Buchstabe am gleichen Platz (z.B. erster Buchstabe) verändert werden.

Versuche es zuerst mit den neben und unten stehenden Wörtern.

LEGEN	BAR	BAND	BESEN
LAGEN	BAT	BANK	BASEN
LASEN	BOT	RANK	HASEN
LESEN	ROT	RAND	HABEN
LESER	RAT	SAND	HEBEN
LEBER	TAT	SIND	REBEN
LEBEN	TOT	RIND	REGEN
HEBEN	LOT	RUND	REGEL
HEBEL	LOS	HUND	SEGEL
NEBEL	LAS	HAND	SEGEN
NABEL	WAS	LAND	SAGEN
NAGEL	WAR	LIND	LAGEN

usw.

Wenn alle Plätze besetzt sind, kannst du die Reihen noch weiterführen.

Versuche es anschliessend auch noch mit eigenen Anfangswörtern.

Lösungsvorschlag

MELDEN	RENNEN
HELDEN	KENNEN
HELFEN	KEINEN
HALFEN	WEINEN
HALLEN	WEISEN
BALLEN	LEISEN
BALKEN	LEITEN
FALKEN	REITEN
FALTEN	RETTEN
FALTER	RETTER
HALTER	WETTER
HALTEN	WETTEN

Wortschatz — Wörter verwandeln

Immer nur ein Buchstabe wird getauscht.

Wie im nebenstehenden Beispiel entsteht jedes Mal ein neues Wort.

F	E	S	T
F		S	T
		S	T

F	E	S	T
F	A	S	T
M	A	S	T
M	A	S	S
M	A	U	S

M	A	U	S
M	A		S
	A		S
	A		

H	A	R	T
	A	U	T
		U	S
			S

B	I	L	D
	I	L	D
	I		D
			D

H	A	S	T
	A	S	T
		S	T
			T

R	I	S	T
R		S	T
		S	T
			S

F	A	L	L
F		L	L
F		L	
	E	L	
	E		

B	I	S	T
B		S	T
B		S	
		S	

B	A	L	L
B	A	L	
B	A		
	A		

K	E	I	L
K	E		L
K	E		
K			

F	A	U	L
F	A		L
F			L
F			

K	U	R	S
K	U		S
	U		S
			S

T	A	N	K
	A	N	K
	A	N	
		A	

B	E	I	L
B	E	I	
B	E		
	E		

R	A	U	B
	A	U	B
	A	U	
	A		

K	I	N	O
K	I	N	
	I	N	
		N	

Wortschatz

Wörter verwandeln

Immer nur ein Buchstabe wird getauscht.

Wie im nebenstehenden Beispiel entsteht jedes Mal ein neues Wort.

Lösungsvorschlag

FEST	FEST
F_ST	FAST
__ST	MAST
____	MASS
____	MAUS

MAUS	HART	BILD	HAST	RIST
MASS	HAUT	WILD	LAST	RAST
FASS	HAUS	WIND	LIST	HAST
FAST	LAUS	WAND	BIST	HASS
FEST	LAUT	WANN	BISS	HALS

FALL	BIST	BALL	KEIL	FAUL
FELL	BAST	BALD	KERL	FALL
FELD	BASS	BAND	KERN	FELL
HELD	LASS	RAND	KORN	FELD
HERD	LAUS	RIND	HORN	GELD

KURS	TANK	BEIL	RAUB	KINO
KUSS	BANK	BEIN	LAUB	KINN
MUSS	BAND	BERN	LAUT	SINN
MASS	BALD	GERN	LAST	SENN
MAST	BILD	GARN	LIST	SEIN

Wortschatz

Wer findet die meisten Wörter?

Aus den unten stehenden Silben sollen möglichst viele Wörter zusammengestellt werden. Gültig sind alle in Sätzen vorkommenden Formen (z.B. auch Mehrzahl von Nomen, Verbformen, ...).

Zum Ausprobieren können die Silben ausgeschnitten werden.

Regel, Rebe,

| RE |
| GEL |
| BE |
| TEN |
| NA |
| SE |
| RIE |
| GE |
| GEN |
| SEN |
| RA |
| DEN |
| REI |

Wortschatz

Wer findet die meisten Wörter?

Aus den unten stehenden Silben sollen möglichst viele Wörter zusammengestellt werden. Gültig sind alle in Sätzen vorkommenden Formen (z.B. auch Mehrzahl von Nomen, Verbformen, ...).

Zum Ausprobieren können die Silben ausgeschnitten werden.

Regel, Rebe, rege, Regen, reden

gelbe, gelten

beten, Besen, bereden, bereiten, bereisen, benagen, beraten, berieten

Ten ... (keine Wörter möglich)

Nagel, Nabe, Nase, nage, nagen, Nasen

Segel, Serie, Segen, Serenaden

Riegel, Riese, Riege, Riegen, Riesen, riegelten

gebe, gegen, geraten, gebeten, Geraden, gerieten

Genre (Art, Gattung in der Filmbranche)

senden, Sense, sengen

Rabe, raten, rase, rage, ragen, rasen, Raserei

den

reibe, reiten, Reise, Reigen, reisen

| R E |
| G E L |
| B E |
| T E N |
| N A |
| S E |
| R I E |
| G E |
| G E N |
| S E N |
| R A |
| D E N |
| R E I |

Sätze

Satzarten

Sätze erzählen	Sätze fragen	Sätze befehlen
Ich schreibe den Text fertig.	Schreibst du den Text fertig?	Schreibe den Text fertig!
	Trocknest du das Geschirr ab?	
Wir nehmen dich mit.		
		Begleite uns!
	Hilft Peter dem Vater?	
Ich nehme dir den Maßstab nicht weg.		
		Sei ruhig!
	Glaubt ihr ihm nicht?	
		Wartet auf den Bruder!
Ich denke an dich.		
		Regina, wirf dem kleinen Bruder den Ball zu!

Sätze

Satzarten

Sätze **erzählen**	Sätze **fragen**	Sätze **befehlen**
Ich schreibe den Text fertig.	Schreibst du den Text fertig?	Schreibe den Text fertig!
Ich trockne das Geschirr ab.	Trocknest du das Geschirr ab?	**Trockne das Geschirr ab!**
Wir nehmen dich mit.	**Nehmt ihr mich mit?**	**Nehmt mich mit!**
Ich begleite euch.	**Begleitest du uns?**	Begleite uns!
Peter hilft dem Vater.	Hilft Peter dem Vater?	**Peter, hilf dem Vater!**
Ich nehme dir den Maßstab nicht weg.	**Nimmst du mir den Maßstab nicht weg?**	**Nimm mir den Maßstab nicht weg!**
Ich bin ruhig.	**Bist du ruhig?**	Sei ruhig!
Wir glauben ihm nicht.	Glaubt ihr ihm nicht?	**Glaubt ihm nicht!**
Wir warten auf den Bruder.	**Wartet ihr auf den Bruder?**	Wartet auf den Bruder!
Ich denke an dich.	**Denkst du an mich?**	**Denk an mich!**
Regina wirft dem kleinen Bruder den Ball zu.	**Wirft Regina dem kleinen Bruder den Ball zu?**	Regina, wirf dem kleinen Bruder den Ball zu!

Sätze

Wer? Wo? Wann?

> Wer? Welche? Warum? Wo? Wann? Wie viel?

☐ hat der Bruder in der Stadt angetroffen?	☐ wird wohl in diesem Jahr Sieger?
☐ Jahreszeit hast du am liebsten?	☐ fällt ihm eigentlich ein, uns so lange warten zu lassen?
☐ gehört die Uhr, die der Hausmeister gefunden hat?	☐ kostet dieser Computer?
☐ habe ich wohl meine Brille hingelegt?	☐ Großmutter hat uns diesen feinen Kuchen gespendet?
☐ kennst du am längsten von allen deinen Freunden?	☐ habt ihr mir nichts davon erzählt?
☐ stört dich an dieser Jacke, dass du sie nicht anziehst?	☐ Farbe passt am besten zu meinem Kleid?
☐ wird Nachfolger des Jugendleiters?	☐ hältst du vom neuen Trainer des Fußballklubs?
☐ kommst du morgen Nachmittag zu mir?	☐ liegt der Ort, aus dem unser neuer Nachbar stammt?
☐ Gruppe gefällt dir am besten?	☐ lädt Christine zu ihrer Geburtstagsfeier ein?
☐ haltet ihr für die beste Skifahrerin?	☐ heißt die Autorin dieses Buches?
☐ verdanken wir das unerwartete Geschenk?	☐ kommst du so spät nach Hause?
☐ bringst du mir das Buch, das du mir versprochen hast?	☐ beginnt das Konzert in der Kirche?

Sätze

Wer? Wo? Wann?

Wer? Welche? Warum? Wo? Wann? Wie viel?

Wen	hat der Bruder in der Stadt angetroffen?		**Wer**	wird wohl in diesem Jahr Sieger?
Welche	Jahreszeit hast du am liebsten?		**Was**	fällt ihm eigentlich ein, uns so lange warten zu lassen?
Wem	gehört die Uhr, die der Hausmeister gefunden hat?		**Wie viel**	kostet dieser Computer?
Wo	habe ich wohl meine Brille hingelegt?		**Wessen**	Großmutter hat uns diesen feinen Kuchen gespendet?
Wen	kennst du am längsten von allen deinen Freunden?		**Warum**	habt ihr mir nichts davon erzählt?
Was	stört dich an dieser Jacke, dass du sie nicht anziehst?		**Welche**	Farbe passt am besten zu meinem Kleid?
Wer	wird Nachfolger des Jugendleiters?		**Was**	hältst du vom neuen Trainer des Fußballklubs?
Wann	kommst du morgen Nachmittag zu mir?		**Wo**	liegt der Ort, aus dem unser neuer Nachbar stammt?
Welche	Gruppe gefällt dir am besten?		**Wen**	lädt Christine zu ihrer Geburtstagsfeier ein?
Wen	haltet ihr für die beste Skifahrerin?		**Wie**	heißt die Autorin dieses Buches?
Wem	verdanken wir das unerwartete Geschenk?		**Warum**	kommst du so spät nach Hause?
Wann	bringst du mir das Buch, das du mir versprochen hast?		**Wann**	beginnt das Konzert in der Kirche?

Sätze

Wonachmitzu...?

Wo nach rüber mit gegen zu ran ?   Wo vor rum für rauf von ?

| Wo | verwendet der Lehrer die vielen Stoffreste? | Wo | hältst du mich eigentlich? |

- **Wo** verwendet der Lehrer die vielen Stoffreste?
- **Wo** leidet der Patient?
- **Wo** erinnert sich die Großmutter besonders gut?
- **Wo** haben die Kinder so schreckliche Angst?
- **Wo** hat dich dein Freund überredet?
- **Wo** beneiden ihn alle seine Freunde?
- **Wo** warten wir eigentlich noch?
- **Wo** habt ihr euern Nachbarn beglückwünscht?
- **Wo** hat sich denn der Lehrer heute so geärgert?
- **Wo** hat dich deine Mutter beauftragt?
- **Wo** handelt das Buch, das du gelesen hast?

- **Wo** hältst du mich eigentlich?
- **Wo** wollte dich die Freundin warnen?
- **Wo** zwangen die Entführer ihre Gefangenen?
- **Wo** legt deine Chefin besonderen Wert?
- **Wo** hast du die maskierte Frau so schnell erkannt?
- **Wo** hast du all dein vieles Geld ausgegeben?
- **Wo** hat der Polizist den Mann bewahrt?
- **Wo** sehnt sich die alte, kranke Frau am meisten?
- **Wo** lacht ihr denn die ganze Zeit?
- **Wo** setzt sich der Junge so energisch zur Wehr?
- **Wo** bat die Enkelin ihre Großmutter?

Sätze

Wonachmitzu...?

Wo nach / rüber / mit / gegen / zu / ran **?**   **Wo** vor / rum / für / rauf / von **?**

Wozu	verwendet der Lehrer die vielen Stoffreste?
Woran	leidet der Patient?
Woran	erinnert sich die Großmutter besonders gut?
Wovor	haben die Kinder so schreckliche Angst?
Wozu	hat dich dein Freund überredet?
Worum	beneiden ihn alle seine Freunde?
Worauf	warten wir eigentlich noch?
Wozu	habt ihr euern Nachbarn beglückwünscht?
Worüber	hat sich denn der Lehrer heute so geärgert?
Womit	hat dich deine Mutter beauftragt?
Wovon	handelt das Buch, das du gelesen hast?
Wofür	hältst du mich eigentlich?
Wovor	wollte dich die Freundin warnen?
Wozu	zwangen die Entführer ihre Gefangenen?
Worauf	legt deine Chefin besonderen Wert?
Woran	hast du die maskierte Frau so schnell erkannt?
Wofür	hast du all dein vieles Geld ausgegeben?
Wovor	hat der Polizist den Mann bewahrt?
Wonach	sehnt sich die alte, kranke Frau am meisten?
Worüber	lacht ihr denn die ganze Zeit?
Wogegen	setzt sich der Junge so energisch zur Wehr?
Worum	bat die Enkelin ihre Großmutter?

Sätze

Was passt zusammen? 1

Aus den unten stehenden Teilen sollen **vier** Sätze gebildet werden, ohne dass ein Teil übrig bleibt.

Schreibe deine Lösung hier auf (verwende dabei Klein- und Großbuchstaben):

_____

_____

_____

_____

_____

_____

_____

_____

Zum Ausprobieren können die Teile auch ausgeschnitten werden.

DIE GELUNGENE BASTELARBEIT	UNGEDULDIG	TANJA	DER MUTTER
FREUDESTRAHLEND	VOR DEM ERBOSTEN NACHBARN		ANDREAS
STEHT	ZEIGT	DAS ENDE DER SCHULSTUNDE	MIT BEHAGEN
DANIELA	MIT ROTEM KOPF	IHR DICKES PAUSENBROT	VERSPEIST
	ERWARTET	DER KLEINE SCHLINGEL	

Sätze

Was passt zusammen? 1

Aus den unten stehenden Teilen sollen **vier** Sätze gebildet werden, ohne dass ein Teil übrig bleibt.

Schreibe deine Lösung hier auf (verwende dabei Klein- und Großbuchstaben):

Lösungsvorschlag

Ungeduldig erwartet Tanja das Ende der Schulstunde.

Freudestrahlend zeigt Andreas der Mutter die gelungene Bastelarbeit.

Mit Behagen verspeist Daniela ihr dickes Pausenbrot.

Der kleine Schlingel steht mit rotem Kopf vor dem erbosten Nachbarn.

Zum Ausprobieren können die Teile auch ausgeschnitten werden.

DIE GELUNGENE BASTELARBEIT	UNGEDULDIG	TANJA	DER MUTTER
FREUDESTRAHLEND	VOR DEM ERBOSTEN NACHBARN		ANDREAS
STEHT	ZEIGT	DAS ENDE DER SCHULSTUNDE	MIT BEHAGEN
DANIELA	MIT ROTEM KOPF	IHR DICKES PAUSENBROT	VERSPEIST
	ERWARTET	DER KLEINE SCHLINGEL	

Sätze

Was passt zusammen? 2

Aus den unten stehenden Teilen werden **sechs** Sätze gebildet, wobei **höchstens zwei** Teile übrig bleiben sollen.

Schreibe deine Lösung hier auf (verwende dabei Klein- und Großbuchstaben):

___
___
___
___
___
___
___
___

Zum Ausprobieren können die Teile auch ausgeschnitten werden.

ÜBER DIE BEVORSTEHENDE KLASSENFAHRT	DIE SCHÜLER	DIE JUNGEN
LEBHAFT	DIE ZIRKUSBESUCHER	BEGEBEN SICH	UNTERHALTEN SICH
MIT LAUTEN ZURUFEN	INS KLASSENZIMMER	PLAUDERND UND LACHEND
RENNEN	HINTER DEM BALL HER	DIE KINDER	AUF DER SPIELWIESE
DIE ATEMBERAUBENDEN KUNSTSTÜCKE	NACH DER PAUSE	GESPANNT
DEN GANZEN NACHMITTAG	UNERMÜDLICH	GESPANNT	SPIELEN
NACH DER PAUSE	DIE ZUSCHAUER	VERFOLGEN	DIE SECHSTKLÄSSLER
UNTERSTÜTZEN	IN IHRER HÜTTE	DIE EINHEIMISCHE MANNSCHAFT

Sätze

Was passt zusammen? 2

Aus den unten stehenden Teilen werden **sechs** Sätze gebildet, wobei **höchstens zwei** Teile übrig bleiben sollen.

Schreibe deine Lösung hier auf (verwende dabei Klein- und Großbuchstaben):

Lösungsvorschlag

Plaudernd und lachend begeben sich die Schüler nach der Pause ins Klassenzimmer.

Auf der Spielwiese rennen die Jungen unermüdlich hinter dem Ball her.

Die Kinder spielen den ganzen Nachmittag in ihrer Hütte.

Gespannt verfolgen die Zirkusbesucher die atemberaubenden Kunststücke.

Mit lauten Zurufen unterstützen die Zuschauer die einheimische Mannschaft.

Die Sechstklässler unterhalten sich lebhaft über die bevorstehende Klassenfahrt.

Zum Ausprobieren können die Teile auch ausgeschnitten werden.

ÜBER DIE BEVORSTEHENDE KLASSENFAHRT		DIE SCHÜLER	DIE JUNGEN
LEBHAFT	DIE ZIRKUSBESUCHER	BEGEBEN SICH	UNTERHALTEN SICH
MIT LAUTEN ZURUFEN	INS KLASSENZIMMER		PLAUDERND UND LACHEND
RENNEN	HINTER DEM BALL HER	DIE KINDER	AUF DER SPIELWIESE
DIE ATEMBERAUBENDEN KUNSTSTÜCKE		NACH DER PAUSE	GESPANNT
DEN GANZEN NACHMITTAG	UNERMÜDLICH	GESPANNT	SPIELEN
NACH DER PAUSE	DIE ZUSCHAUER	VERFOLGEN	DIE SECHSTKLÄSSLER
UNTERSTÜTZEN	IN IHRER HÜTTE	DIE EINHEIMISCHE MANNSCHAFT	

Sätze

Alles Unsinn 1

Die Mutter	stibitzt	dem Kunden	das verletzte Bein.
Die kleine Bea	schneidet	ihrem Kind	das Futter.
Der Polizist	strickt	dem Verteidiger	ein Playmobil.
Thomas	schenkt	den Kühen	den Puls.
Die Großmutter	übergibt	dem Patienten	die rote Karte.
Die Lehrerin	reicht	ihrer Enkelin	ein Stück Teig.
Der Bauer	verbindet	den Schülern	den Strafzettel.
Die Ärztin	zeigt	dem kleinen Bruder	die Haare.
Der Schiedsrichter	verteilt	der Mutter	einen Pullover.
Der Friseur	misst	dem Autofahrer	die Hefte.

Wenn du innerhalb der Spalten richtig vertauschst, entstehen sinnvolle Sätze.

Sätze

Alles Unsinn 1

Die Mutter	stibitzt	dem Kunden	das verletzte Bein.
Die kleine Bea	schneidet	ihrem Kind	das Futter.
Der Polizist	strickt	dem Verteidiger	ein Playmobil.
Thomas	schenkt	den Kühen	den Puls.
Die Großmutter	übergibt	dem Patienten	die rote Karte.
Die Lehrerin	reicht	ihrer Enkelin	ein Stück Teig.
Der Bauer	verbindet	den Schülern	den Strafzettel.
Die Ärztin	zeigt	dem kleinen Bruder	die Haare.
Der Schiedsrichter	verteilt	der Mutter	einen Pullover.
Der Friseur	misst	dem Autofahrer	die Hefte.

Wenn du innerhalb der Spalten richtig vertauschst, entstehen sinnvolle Sätze.

Die Mutter verbindet ihrem Kind das verletzte Bein.

Die kleine Bea stibitzt der Mutter ein Stück Teig.

Der Polizist übergibt dem Autofahrer den Strafzettel.

Thomas schenkt dem kleinen Bruder ein Playmobil.

Die Großmutter strickt ihrer Enkelin einen Pullover.

Die Lehrerin verteilt den Schülern die Hefte.

Der Bauer reicht den Kühen das Futter.

Die Ärztin misst dem Patienten den Puls.

Der Schiedsrichter zeigt dem Verteidiger die rote Karte.

Der Friseur schneidet dem Kunden die Haare.

Sätze

Alles Unsinn 2

Die Füchsin	schreibt	ihren Enkeln	ein feines Dessert.
Der Schelm	baut	der Schwester	einen langen Brief.
Die Ehrendame	versteckt	dem Bauern	einen Turm aus Klötzen.
Der Direktor	stiehlt	seiner Patin	den Gartenzaun.
Der kleine Schlingel	bringt	seiner Sekretärin	einen Sack Kartoffeln.
Lukas	flickt	den Kindern	einen Blumenstrauß.
Die Mutter	diktiert	ihrem Brüderchen	ein großes Paket.
Der Onkel	verspricht	dem Nachbarn	eine Mahnung.
Die Großmutter	sendet	dem Sieger	ein Huhn.
Daniela	überreicht	ihren Jungen	die Puppe.

Wenn du innerhalb der Spalten richtig vertauschst, entstehen sinnvolle Sätze.

Sätze

Alles Unsinn 2

Die Füchsin	schreibt	ihren Enkeln	ein feines Dessert.
Der Schelm	baut	der Schwester	einen langen Brief.
Die Ehrendame	versteckt	dem Bauern	einen Turm aus Klötzen.
Der Direktor	stiehlt	seiner Patin	den Gartenzaun.
Der kleine Schlingel	bringt	seiner Sekretärin	einen Sack Kartoffeln.
Lukas	flickt	den Kindern	einen Blumenstrauß.
Die Mutter	diktiert	ihrem Brüderchen	ein großes Paket.
Der Onkel	verspricht	dem Nachbarn	eine Mahnung.
Die Großmutter	sendet	dem Sieger	ein Huhn.
Daniela	überreicht	ihren Jungen	die Puppe.

Wenn du innerhalb der Spalten richtig vertauschst, entstehen sinnvolle Sätze.

Die Füchsin bringt ihren Jungen ein Huhn.

Der Schelm stiehlt dem Bauern einen Sack Kartoffeln.

Die Ehrendame überreicht dem Sieger einen Blumenstrauß.

Der Direktor diktiert seiner Sekretärin eine Mahnung.

Der kleine Schlingel versteckt der Schwester die Puppe.

Lukas schreibt seiner Patin einen langen Brief.

Die Mutter verspricht den Kindern ein feines Dessert.

Der Onkel flickt dem Nachbarn den Gartenzaun.

Die Großmutter sendet ihren Enkeln ein großes Paket.

Daniela baut ihrem Brüderchen einen Turm aus Klötzen.

Sätze

Welches Durcheinander! 1

Bringe die folgenden Sätze in die richtige Reihenfolge, sodass eine sinnvolle Geschichte entsteht.

Der Vater stand auf, um nachzusehen, wer kommt.

Dessen Lieblingsplatz ist der weiche Lehnstuhl neben dem warmen Ofen.

Schnell sprang Fido an sein vertrautes Plätzchen.

Martin erzählte kürzlich eine lustige Geschichte über seinen Hund Fido.

Er stürzte zur Tür und bellte laut.

Jeden Abend liegt er dort und blinzelt alle aus seinen klugen Augen an.

Er rollte sich behaglich zusammen und steckte die Schnauze tief ins Kissen.

Einmal saß schon der Vater auf dem bequemen Platz.

Plötzlich spitzte der Hund die Ohren.

Sätze

Welches Durcheinander! 1

Bringe die folgenden Sätze in die richtige Reihenfolge, sodass eine sinnvolle Geschichte entsteht.

Der Vater stand auf, um nachzusehen, wer kommt.

Dessen Lieblingsplatz ist der weiche Lehnstuhl neben dem warmen Ofen.

Schnell sprang Fido an sein vertrautes Plätzchen.

Martin erzählte kürzlich eine lustige Geschichte über seinen Hund Fido.

Er stürzte zur Tür und bellte laut.

Jeden Abend liegt er dort und blinzelt alle aus seinen klugen Augen an.

Er rollte sich behaglich zusammen und steckte die Schnauze tief ins Kissen.

Einmal saß schon der Vater auf dem bequemen Platz.

Plötzlich spitzte der Hund die Ohren.

Martin erzählte kürzlich eine lustige Geschichte über seinen Hund Fido.

Dessen Lieblingsplatz ist der weiche Lehnstuhl neben dem warmen Ofen.

Jeden Abend liegt er dort und blinzelt alle aus seinen klugen Augen an.

Einmal saß schon der Vater auf dem bequemen Platz.

Plötzlich spitzte der Hund die Ohren.

Er stürzte zur Tür und bellte laut.

Der Vater stand auf, um nachzusehen, wer kommt.

Schnell sprang Fido an sein vertrautes Plätzchen.

Er rollte sich behaglich zusammen und steckte die Schnauze tief ins Kissen.

Sätze

Welches Durcheinander! 2

Bringe die folgenden Sätze in die richtige Reihenfolge, sodass eine sinnvolle Geschichte entsteht.

Dabei wurde das Salz nass und schmolz.

Doch die Schwämme sogen sich voll.

Die Sonne brannte heiß vom Himmel herunter, als sie sich auf den Weg machten.

Es wäre wohl ertrunken, wenn es der Händler nicht aus seiner jämmerlichen Lage befreit hätte.

Auf einmal erblickte es einen Fluss.

Ein Händler hatte seinen Esel mit Salzsäcken beladen.

Unter ihrem Gewicht brach das Tier zusammen.

Darum litt das Tier unter seiner schweren Bürde.

Sogleich sprang es hinein und schwamm hin und her.

Wieder sprang er ins Wasser.

Die Last wurde immer leichter, und der Esel fühlte sich befreit.

Kurze Zeit später musste der Graue einen großen Sack Schwämme tragen.

Sätze

Welches Durcheinander! 2

Bringe die folgenden Sätze in die richtige Reihenfolge, sodass eine sinnvolle Geschichte entsteht.

Dabei wurde das Salz nass und schmolz.

Doch die Schwämme sogen sich voll.

Die Sonne brannte heiß vom Himmel herunter, als sie sich auf den Weg machten.

Es wäre wohl ertrunken, wenn es der Händler nicht aus seiner jämmerlichen Lage befreit hätte.

Auf einmal erblickte es einen Fluss.

Ein Händler hatte seinen Esel mit Salzsäcken beladen.

Unter ihrem Gewicht brach das Tier zusammen.

Darum litt das Tier unter seiner schweren Bürde.

Sogleich sprang es hinein und schwamm hin und her.

Wieder sprang er ins Wasser.

Die Last wurde immer leichter, und der Esel fühlte sich befreit.

Kurze Zeit später musste der Graue einen großen Sack Schwämme tragen.

Ein Händler hatte seinen Esel mit Salzsäcken beladen.

Die Sonne brannte heiß vom Himmel herunter, als sie sich auf den Weg machten.

Darum litt das Tier unter seiner schweren Bürde.

Auf einmal erblickte es einen Fluss.

Sogleich sprang es hinein und schwamm hin und her.

Dabei wurde das Salz nass und schmolz.

Die Last wurde immer leichter, und der Esel fühlte sich befreit.

Kurze Zeit später musste der Graue einen großen Sack Schwämme tragen.

Wieder sprang er ins Wasser.

Doch die Schwämme sogen sich voll.

Unter ihrem Gewicht brach das Tier zusammen.

Es wäre wohl ertrunken, wenn es der Händler nicht aus seiner jämmerlichen Lage befreit hätte.

Sätze

Verkehrt!

Normalerweise antworten wir auf Fragen. Hier sind aber nur die Antworten bekannt.
Stelle darum zu jeder Antwort eine passende Frage.
Vergiss die Anführungs- und Schlusszeichen nicht.

„Ich habe während des Spiels nie auf die Uhr geschaut."

„Ich glaube, sie ist krank."

„Diesmal fahren wir nach Spanien ans Meer."

„35 Euro."

„Am 25. Mai."

„Nicht besonders, aber es macht mir trotzdem Spaß."

„Meinetwegen, aber sei um sechs Uhr wieder hier!"

„Wahrscheinlich habe ich sie auf dem Schulweg verloren."

Sätze

Verkehrt!

Normalerweise antworten wir auf Fragen. Hier sind aber nur die Antworten bekannt.
Stelle darum zu jeder Antwort eine passende Frage.
Vergiss die Anführungs- und Schlusszeichen nicht.

Lösungsvorschlag

„Warum kommst du so spät nach Hause?"

„Ich habe während des Spiels nie auf die Uhr geschaut."

„Weißt du, warum Kathrin nicht in die Schule gekommen ist?"

„Ich glaube, sie ist krank."

„Wo verbringt ihr in diesem Jahr eure Sommerferien?"

„Diesmal fahren wir nach Spanien ans Meer."

„Wie viel Geld hast du deinem Bruder geliehen?"

„35 Euro."

„Wann hat deine Mutter Geburtstag?"

„Am 25. Mai."

„Kannst du gut schwimmen?"

„Nicht besonders, aber es macht mir trotzdem Spaß."

„Darf ich heute Nachmittag mit meinen Freunden auf dem Sportplatz spielen?"

„Meinetwegen, aber sei um sechs Uhr wieder hier!"

„Wo hast du denn deine Handschuhe?"

„Wahrscheinlich habe ich sie auf dem Schulweg verloren."

Sätze
Auf die richtige Verbindung kommt es an!

Wenn die folgenden Wörter am richtigen Ort eingesetzt werden, bleibt keines mehr übrig.

obwohl	sondern	anstatt	seit	bevor	bis	wenn	desto
indem	da	dass	und	damit	als	denn	um
ohne	wie	während					

Ich kannte ihn nicht, _____ ich war ihm noch nie begegnet.

Barbara sah sich diesen Film zweimal an, _____ er ihr so gut gefiel.

Ich war nicht daheim, _____ er versuchte, mich telefonisch zu erreichen.

_____ es meiner Tante in Südamerika sehr gut gefallen hat, möchte sie ihre Ferien nicht ein zweites Mal dort verbringen.

Brigitte liebt Pferde sehr, _____ sie weiß auch, wie man mit ihnen umgehen muss.

Frau Weiss verbringt vier Wochen im Schwarzwald, _____ sich ganz von ihrer schweren Erkrankung zu erholen.

Er ist nicht nur ein guter Maler, _____ er hat auch eine besondere Begabung für die Musik.

Je mehr du trainierst, _____ bessere Leistungen wirst du erzielen.

Die Frau half dem Verletzten, _____ sich um die Neugier der Schaulustigen zu kümmern.

_____ das schmutzige Kleidungsstück zu waschen, warf er es kurzerhand in den Abfalleimer.

Du kannst dich darauf verlassen, _____ ich dir helfen werde.

Maja wird das Buch zurückbringen, _____ sie es fertig gelesen hat.

Anna und Yvonne sind die besten Freundinnen, _____ sie wissen, dass sie im Sommer in die gleiche Klasse übertreten werden.

_____ ich ihm eine gute Nacht wünschen konnte, war er schon eingeschlafen.

Es wird noch eine Weile dauern, _____ unser Haus fertig ist.

Der Bote grüßte den König höflich, _____ er sich tief vor ihm verneigte.

_____ die Mutter das Abendessen zubereitete, deckte ich den Tisch.

Bei diesem Regenwetter ziehe ich die Gummistiefel an, _____ ich keine nassen Füße bekomme.

Die Sache verhält sich so, _____ ich es dir bereits am Telefon erzählt habe.

Sätze

Auf die richtige Verbindung kommt es an!

Wenn die folgenden Wörter am richtigen Ort eingesetzt werden, bleibt keines mehr übrig.

obwohl	sondern	anstatt	seit	bevor	bis	wenn	desto
indem	da	dass	und	bevor	damit	als	denn	um
ohne	wie	während					

Ich kannte ihn nicht, __denn__ ich war ihm noch nie begegnet.

Barbara sah sich diesen Film zweimal an, __da__ er ihr so gut gefiel.

Ich war nicht daheim, __als__ er versuchte, mich telefonisch zu erreichen.

__Obwohl__ es meiner Tante in Südamerika sehr gut gefallen hat, möchte sie ihre Ferien nicht ein zweites Mal dort verbringen.

Brigitte liebt Pferde sehr, __und__ sie weiß auch, wie man mit ihnen umgehen muss.

Frau Weiss verbringt vier Wochen im Schwarzwald, __um__ sich ganz von ihrer schweren Erkrankung zu erholen.

Er ist nicht nur ein guter Maler, __sondern__ er hat auch eine besondere Begabung für die Musik.

Je mehr du trainierst, __desto__ bessere Leistungen wirst du erzielen.

Die Frau half dem Verletzten, __ohne__ sich um die Neugier der Schaulustigen zu kümmern.

__Anstatt__ das schmutzige Kleidungsstück zu waschen, warf er es kurzerhand in den Abfalleimer.

Du kannst dich darauf verlassen, __dass__ ich dir helfen werde.

Maja wird das Buch zurückbringen, __wenn__ sie es fertig gelesen hat.

Anna und Yvonne sind die besten Freundinnen, __seit__ sie wissen, dass sie im Sommer in die gleiche Klasse übertreten werden.

__Bevor__ ich ihm eine gute Nacht wünschen konnte, war er schon eingeschlafen.

Es wird noch eine Weile dauern, __bis__ unser Haus fertig ist.

Der Bote grüßte den König höflich, __indem__ er sich tief vor ihm verneigte.

__Während__ die Mutter das Abendessen zubereitete, deckte ich den Tisch.

Bei diesem Regenwetter ziehe ich die Gummistiefel an, __damit__ ich keine nassen Füße bekomme.

Die Sache verhält sich so, __wie__ ich es dir bereits am Telefon erzählt habe.

Sätze

Hier fehlt etwas!

Überall fehlt ein wichtiger Teil.
Ergänze so, dass sinnvolle Sätze entstehen.

_____**Entsetzt**_____ schaute Bea auf den zerbrochenen Teekrug zu ihren Füßen.

___**Sprachlos vor Schreck**___ schaute Bea auf den zerbrochenen Teekrug zu ihren Füßen.

Der Schwimmer _____ vor Kälte, als er aus dem eiskalten Wasser stieg.

_____ spaltete der Vater den Holzklotz.

Von der ehemaligen Burg stehen nur noch _____.

Verzweifelt schrien die Eingeschlossenen _____.

Der Bergführer _____ die Touristen vor einer gefährlichen Strecke.

Die Heldin dieses Films erlebt viele _____.

Beinahe verlor der Seiltänzer _____.

Ich kann dir das Buch _____, wenn du es nicht besitzt.

_____ hat mir die Haare gut geschnitten.

Ein neugeborenes Rehkitz darf man nicht _____.

_____ erkennt man an seinem Höcker.

_____ wies er den unberechtigten Verdacht zurück.

Im Zirkus brachte _____ alle Zuschauer zum Lachen.

Im Ausverkauf sind die Preise _____.

Die Kinder saßen den ganzen Abend vor _____.

Ein leichter Luftzug lässt die Kerzenflamme _____.

Im Zoo ist es verboten, die Tiere zu _____.

Der Versuch ist leider _____.

Dieses Parfum _____ unangenehm.

Die Mutter entnimmt _____ einige Geldstücke.

Sätze

Hier fehlt etwas!

Überall fehlt ein wichtiger Teil.
Ergänze so, dass sinnvolle Sätze entstehen.

Lösungsvorschlag

__Entsetzt__ schaute Bea auf den zerbrochenen Teekrug zu ihren Füßen.

__Sprachlos vor Schreck__ schaute Bea auf den zerbrochenen Teekrug zu ihren Füßen.

Der Schwimmer __zitterte__ vor Kälte, als er aus dem eiskalten Wasser stieg.

__Mit dem Beil__ spaltete der Vater den Holzklotz.

Von der ehemaligen Burg stehen nur noch __Mauerreste__.

Verzweifelt schrien die Eingeschlossenen __um Hilfe__.

Der Bergführer __warnte__ die Touristen vor einer gefährlichen Strecke.

Die Heldin dieses Films erlebt viele __Abenteuer__.

Beinahe verlor der Seiltänzer __das Gleichgewicht__.

Ich kann dir das Buch __leihen__, wenn du es nicht besitzt.

__Der Friseur__ hat mir die Haare gut geschnitten.

Ein neugeborenes Rehkitz darf man nicht __anfassen__.

__Das Dromedar__ erkennt man an seinem Höcker.

__Entrüstet__ wies er den unberechtigten Verdacht zurück.

Im Zirkus brachte __der Clown__ alle Zuschauer zum Lachen.

Im Ausverkauf sind die Preise __herabgesetzt__.

Die Kinder saßen den ganzen Abend vor __dem Fernseher__.

Ein leichter Luftzug lässt die Kerzenflamme __flackern__.

Im Zoo ist es verboten, die Tiere zu __füttern__.

Der Versuch ist leider __misslungen__.

Dieses Parfum __riecht__ unangenehm.

Die Mutter entnimmt __dem Portemonnaie__ einige Geldstücke.

Sätze

Wie geht es weiter?

Ergänze zu sinnvollen Sätzen.

Sabrina hält es vor Freude fast nicht mehr aus, bis _____

Marina beteiligte sich am Fußballturnier, obwohl _____

Michael schämt sich gewaltig, weil _____

Meine Freundin kann es nicht begreifen, dass _____

Der Vater kann sich das Lachen nicht verkneifen, denn _____

Ich las die Scherben zusammen, während _____

Regine konnte lange nicht einschlafen, weil _____

Den Zuschauern stockte der Atem, als _____

Höflich erkundigte sich der Fremde, ob _____

Die Einbrecherin ergriff die Flucht, nachdem _____

Martins Stirn blutete heftig, denn _____

Lukas isst eine Menge Süßigkeiten, obschon _____

Ich kann dich heute nicht besuchen, da _____

Es kann nicht lange dauern, bis _____

Sätze

Wie geht es weiter?

Ergänze zu sinnvollen Sätzen.

Lösungsvorschlag

Sabrina hält es vor Freude fast nicht mehr aus, bis **sie zu ihrer Patin in die Ferien fahren darf.**

Michael schämt sich gewaltig, weil **bekannt geworden ist, dass er die Scheiben zerschlagen hat.**

Der Vater kann sich das Lachen nicht verkneifen, denn **Peters Ausrede klingt zu komisch.**

Den Zuschauern stockte der Atem, als **der Seiltänzer beinahe abgestürzt wäre.**

Höflich erkundigte sich der Fremde, ob **er auf dem richtigen Weg zum Bahnhof sei.**

Martins Stirn blutete heftig, denn **ein Stein hatte ihn am Kopf getroffen.**

Ich kann dich heute nicht besuchen, da **ich meinem Vater im Garten helfen muss.**

Marina beteiligte sich am Fußballturnier, obwohl **sie stark erkältet war.**

Meine Freundin kann es nicht begreifen, dass **ich meine Ferien am liebsten in der Schweiz verbringe.**

Ich las die Scherben zusammen, während **der Bruder den Boden aufwischte.**

Regine konnte lange nicht einschlafen, weil **sie an diesem Tag so viel Schönes erlebt hatte.**

Die Einbrecherin ergriff die Flucht, nachdem **der Alarm ertönt war.**

Lukas isst eine Menge Süßigkeiten, obschon **er weiß, dass er damit seinen Zähnen schadet.**

Es kann nicht lange dauern, bis **wir von diesem Fest zurückkehren.**

Sätze

Vorn oder hinten?

Ergänze zu sinnvollen Sätzen.

Marianne langweilte sich, da
_____
_____

Hast du auch schon erfahren, dass
_____
_____

_____
_____,
obwohl sie wusste, dass er diese Tiere verabscheute.

_____
_____,
denn ich bin noch nie dort gewesen.

Heißhungrig setzten sie sich an den Tisch, denn
_____
_____

Ich bin nicht sicher, ob
_____
_____

_____
_____,
weil sie an der Ferse eine große Blase hatte.

_____
_____,
während ihre Freundinnen draußen fröhlich spielten.

Erfrischt setzten die Schüler ihre Wanderung fort, nachdem
_____
_____

Barbara hielt sich beide Augen zu, als
_____
_____

_____
_____,
da er ihr eine Freude bereiten wollte.

Das ahnungslose Ehepaar saß vor dem Fernseher, als
_____
_____

Sätze

Vorn oder hinten?

Ergänze zu sinnvollen Sätzen.

Lösungsvorschlag

Marianne langweilte sich, da **sie den ganzen Tag allein zu Hause war.**

Petra hielt ihrem Bruder eine Spinne unter die Nase, obwohl sie wusste, dass er diese Tiere verabscheute.

Heißhungrig setzten sie sich an den Tisch, denn **sie waren von einer sechsstündigen Wanderung zurückgekehrt.**

Barbara humpelte mühsam hinter den anderen Schülern her, weil sie an der Ferse eine große Blase hatte.

Erfrischt setzten die Schüler ihre Wanderung fort, nachdem **sie ausgiebig gerastet hatten.**

Christian wusch der Mutter das ganze Geschirr ab, da er ihr eine Freude bereiten wollte.

Hast du auch schon erfahren, dass **die Cousine in einem Monat heiraten wird?**

Ich freue mich auf die Reise nach Spanien, denn ich bin noch nie dort gewesen.

Ich bin nicht sicher, ob **ich diesen Film schon einmal gesehen habe.**

Trübselig saß Regina mit dem eingegipsten Fuß in der Stube, während ihre Freundinnen draußen fröhlich spielten.

Barbara hielt sich beide Augen zu, als **die Mutter mitten in der Nacht das Licht anmachte.**

Das ahnungslose Ehepaar saß vor dem Fernseher, als **der Einbrecher das Schlafzimmer durchsuchte.**

Sätze   Umstellen

Sätze können, wie im unten stehenden Beispiel, mehrfach umgestellt werden.

Die Kinder spielen in der Pause begeistert mit Martins neuem Ball.
In der Pause spielen die Kinder begeistert mit Martins neuem Ball.
Begeistert spielen die Kinder in der Pause mit Martins neuem Ball.
Mit Martins neuem Ball spielen die Kinder begeistert in der Pause.

Nicht alle Lösungen sind gleich gut!

Stelle nun die unten stehenden Sätz um und schreibe bei jedem Beispiel die Lösung auf, **die dir am besten gefällt** (verwende dabei Klein- und Großbuchstaben).

_____

_____

_____

_____

_____

_____

_____

_____

Zum Ausprobieren können die Teile auch ausgeschnitten werden.

| MICHA STRICKT DEN GANZEN NACHMITTAG EIFRIG AN SEINEM PULLOVER. |
| VERA SCHLÜRFT VOR DER SCHULE HASTIG EINE TASSE MILCHKAFFEE. |
| CHRISTOPH HILFT AM ABEND DEM VATER IN DER WERKSTATT. |
| MARTIN FÄHRT AUF SEINEM NEUEN FAHRRAD PAUSENLOS HIN UND HER. |
| DIE RAKETE STEIGT ZUR FREUDE DER KINDER MIT HELLEM SCHEIN IN DEN NACHTHIMMEL HINAUF. |
| DIE KINDER VERLASSEN NACH DER VORSTELLUNG ZUFRIEDEN DAS KINO. |

F. Lauffer: Sprache üben zwischendurch 5./6. Klasse · Bd. 2 © Brigg Pädagogik Verlag, Augsburg · Best. Nr. 515

Sätze — Umstellen

Sätze können, wie im unten stehenden Beispiel, mehrfach umgestellt werden.

Die Kinder spielen in der Pause begeistert mit Martins neuem Ball.
In der Pause spielen die Kinder begeistert mit Martins neuem Ball.
Begeistert spielen die Kinder in der Pause mit Martins neuem Ball.
Mit Martins neuem Ball spielen die Kinder begeistert in der Pause.

Nicht alle Lösungen sind gleich gut!

Stelle nun die unten stehenden Sätz um und schreibe bei jedem Beispiel die Lösung auf, **die dir am besten gefällt** (verwende dabei Klein- und Großbuchstaben).

Den ganzen Nachmittag strickt Micha eifrig an seinem Pullover.

Hastig schlürft Vera vor der Schule eine Tasse Milchkaffee.

Am Abend hilft Christoph dem Vater in der Werkstatt.

Pausenlos fährt Martin auf seinem neuen Fahrrad hin und her.

Zur Freude der Kinder steigt die Rakete mit hellem Schein in den Nachthimmel hinauf.

Zufrieden verlassen die Kinder nach der Vorstellung das Kino.

Zum Ausprobieren können die Teile auch ausgeschnitten werden.

> MICHA STRICKT DEN GANZEN NACHMITTAG EIFRIG AN SEINEM PULLOVER.

> VERA SCHLÜRFT VOR DER SCHULE HASTIG EINE TASSE MILCHKAFFEE.

> CHRISTOPH HILFT AM ABEND DEM VATER IN DER WERKSTATT.

> MARTIN FÄHRT AUF SEINEM NEUEN FAHRRAD PAUSENLOS HIN UND HER.

> DIE RAKETE STEIGT ZUR FREUDE DER KINDER MIT HELLEM SCHEIN IN DEN NACHTHIMMEL HINAUF.

> DIE KINDER VERLASSEN NACH DER VORSTELLUNG ZUFRIEDEN DAS KINO.

Sprachlehre

Wortarten

EIN ALTER ESEL MUSSTE HART ARBEITEN UND DIE SCHWERSTEN SÄCKE TRAGEN. EINES TAGES FAND ER AUF DER WEIDE EINE LÖWENHAUT. SCHNELL ZOG ER SIE SICH ÜBER UND SPRANG FREUDIG DAMIT HERUM. ER MEINTE, ALLE HÄTTEN NUN ANGST VOR IHM UND SEINE SCHLIMME PLAGE SEI ZU ENDE. SO SCHIEN ES AUCH. ALLE TIERE, DIE IHN ERBLICKTEN, FLOHEN VOR IHM. SEIN HERR ABER HATTE IHN SCHON ÜBERALL GESUCHT. ALS ER DEN ESEL ERBLICKTE, ERKANNTE ER IHN AN DEN LANGEN OHREN. ER ZOG IHM DIE LÖWENHAUT AB, LIESS SEINEN SCHWEREN STOCK TANZEN UND HOLTE DAS ENTTÄUSCHTE GRAUTIER ZURÜCK.

Schreibe **alle** Nomen, Verben und Adjektive in die unten stehende Tabelle (verwende dabei Klein- und Großbuchstaben).

Nomen	Verben	Adjektive

Sprachlehre

Wortarten

EIN ALTER ESEL MUSSTE HART ARBEITEN UND DIE SCHWERSTEN SÄCKE TRAGEN. EINES TAGES FAND ER AUF DER WEIDE EINE LÖWENHAUT. SCHNELL ZOG ER SIE SICH ÜBER UND SPRANG FREUDIG DAMIT HERUM. ER MEINTE, ALLE HÄTTEN NUN ANGST VOR IHM UND SEINE SCHLIMME PLAGE SEI ZU ENDE. SO SCHIEN ES AUCH. ALLE TIERE, DIE IHN ERBLICKTEN, FLOHEN VOR IHM. SEIN HERR ABER HATTE IHN SCHON ÜBERALL GESUCHT. ALS ER DEN ESEL ERBLICKTE, ERKANNTE ER IHN AN DEN LANGEN OHREN. ER ZOG IHM DIE LÖWENHAUT AB, LIESS SEINEN SCHWEREN STOCK TANZEN UND HOLTE DAS ENTTÄUSCHTE GRAUTIER ZURÜCK.

Schreibe **alle** Nomen, Verben und Adjektive in die unten stehende Tabelle (verwende dabei Klein- und Großbuchstaben).

Nomen	Verben	Adjektive
Esel	musste	alter
Säcke	arbeiten	hart
Tages	tragen	schwersten
Weide	fand	schnell
Löwenhaut	zog (über)	freudig
Angst	sprang (herum)	schlimme
Plage	meinte	langen
Ende	hätten	schweren
Tiere	sei	enttäuschte
Herr	schien	
Esel	erblickten	
Ohren	flohen	
Löwenhaut	hatte	
Stock	gesucht	
Grautier	erblickte	
	erkannte	
	zog (ab)	
	ließ	
	tanzen	
	holte (zurück)	

F. Lauffer: Sprache üben zwischendurch 5./6. Klasse · Bd. 2 © Brigg Pädagogik Verlag, Augsburg · Best. Nr. 515

Trennen

Wie viele Silben?

Lager	Erlebnis	Flaschenöffner	Bienenhaus	Baum
Seifenschale	Leim	Riese	Lesebuch	Knie
Wanderschuhe	Speisewagen	Brauch	Leiter	Wiesenblume
Segelschiff	Stroh	Wunder	Taschenlampe	Karte
Vase	Stunde	Reisetasche	Bett	Großvater
Pausenhof	Tee	Wunderkerze	Sieg	Rechenbuch
Kraut	Schulter	Holzkohle	Ansichtskarte	Traubensaft
Krankenpflege	Wagenrad	Teekrug	Fisch	Schulheft

1 Silbe / 1 Teil	2 Silben / 2 Teile	3 Silben / 3 Teile	4 Silben / 4 Teile
Frau	Sei | fe	Blu | men | topf	Fe | der | hal | ter

Trennen

Wie viele Silben?

Lager	Erlebnis	Flaschenöffner	Bienenhaus	Baum
Seifenschale	Leim	Riese	Lesebuch	Knie
Wanderschuhe	Speisewagen	Brauch	Leiter	Wiesenblume
Segelschiff	Stroh	Wunder	Taschenlampe	Karte
Vase	Stunde	Reisetasche	Bett	Großvater
Pausenhof	Tee	Wunderkerze	Sieg	Rechenbuch
Kraut	Schulter	Holzkohle	Ansichtskarte	Traubensaft
Krankenpflege	Wagenrad	Teekrug	Fisch	Schulheft

1 Silbe / 1 Teil	2 Silben / 2 Teile		3 Silben / 3 Teile			4 Silben / 4 Teile			
Frau	Sei	fe	Blu	men	topf	Fe	der	hal	ter
Baum	La	ger	Er	leb	nis	Fla	schen	öff	ner
Bett	Va	se	Bie	nen	haus	Sei	fen	scha	le
Leim	Rie	se	Le	se	buch	Wan	der	schu	he
Knie	Lei	ter	Se	gel	schiff	Spei	se	wa	gen
Tee	Wun	der	Groß	va	ter	Wie	sen	blu	me
Brauch	Kar	te	Pau	sen	hof	Ta	schen	lam	pe
Stroh	Stun	de	Re	chen	buch	Rei	se	ta	sche
Sieg	Schul	ter	Holz	koh	le	Wun	der	ker	ze
Kraut	Tee	krug	Wa	gen	rad	An	sichts	kar	te
Fisch	Schul	heft	Trau	ben	saft	Kran	ken	pfle	ge

Trennen

Zweisilbig

ACH BO BREM CHEN FOH HER KLEIS KUT LEN PIS RE SCHE SE SEL TE TER TE TEL TI WEI

Hinweis	Silbe 1	Silbe 2
Schulter		
altmodisches Fahrzeug		
lästiges Insekt		
darauf fährt der Skifahrer		
junges Pferd		
Überschrift		
Klebstoff		
Gartenwerkzeug		
Teich		
Überbringer einer Nachricht		

SER RIK ER FAB TER NAL HE LU MO NAT PE RA RING KA SIG STEU WAS TE

Hinweis	Silbe 1	Silbe 2
Teil eines Jahres		
Zeltpflock		
Teilzahlung		
Gegenstück zu Katze		
Vergrößerungsglas		
hier wird gearbeitet		
bezahlt niemand gerne		
Zeichen		
ist flüssig		

Trennen — Zweisilbig

ACH BO BREM CHEN FOH HER KLEIS KUT LEN PIS RE SCHE SE SEL TE TER TE TEL TI WEI

Hinweis	Silbe 1	Silbe 2
Schulter	Ach	sel
altmodisches Fahrzeug	Kut	sche
lästiges Insekt	Brem	se
darauf fährt der Skifahrer	Pis	te
junges Pferd	Foh	len
Überschrift	Ti	tel
Klebstoff	Kleis	ter
Gartenwerkzeug	Re	chen
Teich	Wei	her
Überbringer einer Nachricht	Bo	te

SER RIK ER FAB TER NAL HE LU MO NAT PE RA RING KA SIG STEU WAS TE

Hinweis	Silbe 1	Silbe 2
Teil eines Jahres	Mo	nat
Zeltpflock	He	ring
Teilzahlung	Ra	te
Gegenstück zu Katze	Ka	ter
Vergrößerungsglas	Lu	pe
hier wird gearbeitet	Fab	rik
bezahlt niemand gerne	Steu	er
Zeichen	Sig	nal
ist flüssig	Was	ser

Trennen — Dreisilbig

AL ANT BRÄU DE DERTS EIG ER GAM GE HUN KA KLA LE LER LI
MÄL ME NIS NIST PEL PI PO PRO RE SCHAU SPIE TEL TI VI ZIST

Bild			
Bergsteiger			
sorgt für Ordnung			
Reiseverpflegung, Wegzehrung			
Werbung			
ist immer ein Mann			
es geschieht			
kleiner Teil des Ganzen			
steht auf der Bühne			
kleine Kirche			

BLET CHES DAR DE DO HEN INS KA KU LE LE MA MENT
MENT NO OR PI PIL PU ER SCHAU TER TRU TA TE TEL ZU

Buchabschnitt			
Musiker bilden es			
Angehöriger eines Wandervolkes			
Medikament			
geliehenes Geld			
ist im Theater			
Sehöffnung des Auges			
darauf spielt man			
Schriftstück			

Trennen — Dreisilbig

AL ANT BRÄU DE DERTS EIG ER GAM GE HUN KA KLA LE LER LI
MÄL ME NIS NIST PEL PI PO PRO RE SCHAU SPIE TEL TI VI ZIST

Hinweis	S1	S2	S3
Bild	Ge	mäl	de
Bergsteiger	Al	pi	nist
sorgt für Ordnung	Po	li	zist
Reiseverpflegung, Wegzehrung	Pro	vi	ant
Werbung	Re	kla	me
ist immer ein Mann	Bräu	ti	gam
es geschieht	Er	eig	nis
kleiner Teil des Ganzen	Hun	derts	tel
steht auf der Bühne	Schau	spie	ler
kleine Kirche	Ka	pel	le

BLET CHES DAR DE DO HEN INS KA KU LE LE MA MENT
MENT NO OR PI PIL PU ER SCHAU TER TRU TA TE TEL ZU

Hinweis	S1	S2	S3
Buchabschnitt	Ka	pi	tel
Musiker bilden es	Or	ches	ter
Angehöriger eines Wandervolkes	No	ma	de
Medikament	Ta	blet	te
geliehenes Geld	Dar	le	hen
ist im Theater	Zu	schau	er
Sehöffnung des Auges	Pu	pil	le
darauf spielt man	Ins	tru	ment
Schriftstück	Do	ku	ment

Trennen

Viersilbig

AN AU BEN BEN BIE DER DER DER DO FEN FER GEL GEN GEN GEN GEN
HALB HALT HE HIM HO KIN LIE MA MAN MEIS MELS NE NE NE NEN
NIG PAU PU RE RICH SACH SCHAFT SCHEI SCHER SCHI SCHU SE SE ßE
SEN SPIN SPÜL STRA TEL TER TROP TUNG VO WA WA WAN WELT WI ZEIT

Hinweis				
Bundesland in Deutschland				
flüssiges Heilmittel				
benützt man im Haushalt				
braucht die gepflegte Dame				
der stolze Vater schiebt ihn				
Verkehrsweg, etwas weniger wichtig				
damit werden Waren verteilt				
ist süß und klebrig				
der Autofahrerin nützen sie				
Westen ist eine ...				
Spielunterbrechung beim Fußball				
schützt bei schlechtem Wetter				
gefährliche Spinnenart				
dürfen nicht drücken				
die Abkürzung ist WM				

Trennen — Viersilbig

AN AU BEN BEN BIE DER DER DER DO FEN FER GEL GEN GEN GEN GEN HALB HALT HE HIM HO KIN LIE MA MAN MEIS MELS NE NE NE NEN NIG PAU PU RE RICH SACH SCHAFT SCHEI SCHER SCHI SCHU SE SE ße SEN SPIN SPÜL STRA TEL TER TROP TUNG VO WA WA WAN WELT WI ZEIT

Bundesland in Deutschland	Sach	sen	An	halt
flüssiges Heilmittel	Au	gen	trop	fen
benützt man im Haushalt	Spül	ma	schi	ne
braucht die gepflegte Dame	Pu	der	do	se
der stolze Vater schiebt ihn	Kin	der	wa	gen
Verkehrsweg, etwas weniger wichtig	Ne	ben	stra	ße
damit werden Waren verteilt	Lie	fer	wa	gen
ist süß und klebrig	Bie	nen	ho	nig
der Autofahrerin nützen sie	Schei	ben	wi	scher
Westen ist eine ...	Him	mels	rich	tung
Spielunterbrechung beim Fußball	Halb	zeit	pau	se
schützt bei schlechtem Wetter	Re	gen	man	tel
gefährliche Spinnenart	Vo	gel	spin	ne
dürfen nicht drücken	Wan	der	schu	he
die Abkürzung ist WM	Welt	meis	ter	schaft

Der neue Pädagogik-Fachverlag für Lehrer/-innen
Praxiserprobte Materialien zur Rechtschreibung und Grammatik!

Felix Lauffer

Sprache üben zwischendurch

Band 1: Übungsblätter zu Nomen, Verb und Adjektiv

5./6. Klasse

92 S., DIN A4,
Kopiervorlagen mit Lösungen
Best.-Nr. 514

Fertig erstellte Aufgabenblätter mit Lösungen für einen kreativen und spielerischen Zugang zur Sprache! Diese komplett erstellten Materialien vermitteln wichtige fachliche Grundlagen zum Themenkomplex Wortarten. Die Arbeitsblätter können kopiert und gemeinsam im Unterricht oder allein als Hausaufgabe bearbeitet werden. Mit Lösungen auf der Rückseite.

Klaus Kleinmann

Die Turbo-Übungsgrammatik

von ziemlich leicht bis ganz schön schwer

Deutsch als Zweitsprache in der Sekundarstufe

220 S., DIN A4,
Kopiervorlagen mit Lösungen
Best.-Nr. 436

Ein systematisch aufgebauter und in der Praxis erprobter **Trainingskurs zur differenzierten Förderung** von Schüler/-innen mit Migrationshintergrund. **Geübt, trainiert** und **wiederholt** werden u.a. der Gebrauch von Verben, die Deklination von Substantiven und Adjektiven, die Regeln der Satzstellung, das Perfekt, Satzkonstruktionen, Präpositionen und der Gebrauch bestimmter Satzmuster.

Klaus Kleinmann

Die Wortbaustelle

Morphemtraining für LRS-Schüler

5.–7. Klasse

120 S., DIN A4,
Kopiervorlagen
Best.-Nr. 552

13 effektive Übungseinheiten für LRS-Schüler! Mit Morphemen als kleinsten sinntragenden Spracheinheiten wird das Schreib-Lesetraining auch zum Sprachtraining. Die Einteilung in Vor-, Haupt- und Endmorpheme erleichtert den Schülern die Wortanalyse sowie das Lesen und Schreiben erheblich. Jede Übungseinheit behandelt eine spezielle Fehlerquelle und beinhaltet zusätzliche Angebote für LRS-Kurse und Werkstattunterricht wie Karteikarten, Würfel und Denk-Fix-Scheiben.

Otto Mayr

Neue Aufgabenformen im Rechtschreibunterricht

Texte erfassen und überarbeiten

7.–9. Klasse

104 S., DIN A4,
Kopiervorlagen mit Lösungen
Best.-Nr. 322

Der Band zur neuen Rechtschreibdidaktik! Die Kopiervorlagen fördern die Selbstständigkeit der Lernenden: Sie trainieren die effektive Arbeit mit dem Wörterbuch, das Überarbeiten eigener und fremder Texte nach bestimmten Kriterien u. v. m.
Der Band enthält Aufgaben und Lernzielkontrollen zu verschiedenen Formen der Leistungsfeststellung, Rechtschreibtests sowie Vorschläge für Prüfung und Prüfungsvorbereitung.

Bestellcoupon

Ja, bitte senden Sie mir/uns mit Rechnung

____ Expl. Best.-Nr. _____
____ Expl. Best.-Nr. _____
____ Expl. Best.-Nr. _____
____ Expl. Best.-Nr. _____

Meine Anschrift lautet:

Name / Vorname

Straße

PLZ / Ort

E-Mail

Datum/Unterschrift   Telefon (für Rückfragen)

Bitte kopieren und einsenden/faxen an:

**Brigg Pädagogik Verlag GmbH
zu Hd. Herrn Franz-Josef Büchler
Zusamstr. 5
86165 Augsburg**

☐ Ja, bitte schicken Sie mir Ihren Gesamtkatalog zu.

Bequem bestellen per Telefon/Fax:
Tel.: 0821/45 54 94-17
Fax: 0821/45 54 94-19
Online: www.brigg-paedagogik.de

Der neue Pädagogik-Fachverlag für Lehrer/-innen
Methodenkompetenz vermitteln im Deutschunterricht!

Doris Astleitner / Elisabeth Krassnig / Gabriele Wehlend

Lern- und Arbeitstechniken im Deutschunterricht

Schritt für Schritt Lernkompetenz entwickeln

5. Klasse	6. Klasse
124 S., DIN A4,	104 S., DIN A4,
Mit Kopiervorlagen	Mit Kopiervorlagen
Best.-Nr. 272	**Best.-Nr. 323**

Anhand von **Kopiervorlagen zu bestimmten Themen** (Musik, Arbeitswelt, Gesundheit, Medizin, Kommunikation, Ökologie und Eigenverantwortung), werden Lern- und Arbeitstechniken eingeführt, trainiert und angewendet. In einem **Lerntagebuch** halten die Lernenden ihre Entwicklung fest. Mithilfe der **Lösungsseiten** können Sie alle bearbeiteten Arbeitsblätter schnell und unkompliziert korrigieren.

Weitere Infos, Leseproben und Inhaltsverzeichnisse unter
www.brigg-paedagogik.de

Sabine Schwaab

Lesetraining

Materialien zur Verbesserung der Lesekompetenz

5.–8. Klasse

296 S., DIN A4,
Kopiervorlagen mit Lösungen

Best.-Nr. 324

Arbeitsblätter für eine erfolgreiche Leseerziehung, mit **Lesetests** und **Lesescreenings**! Das Werk deckt sämtliche Bereiche des Lesetrainings ab und hilft, lesebedingte Lerndefizite zu beseitigen. Konzentrationsübungen, Übungen zur Lesegeschwindigkeit, sinnerfassendes Lesen, Lückentexte, alphabetisches Ordnen, Schulung von Fragetechniken, Strukturieren von Informationen, Verschriftlichen optischer Eindrücke u.v.m.

Harald Watzke / Peter Seuffert / Oswald Watzke

Sagen in der Sekundarstufe

Anregungen für die Praxis in der 5./6. Klasse

122 S., DIN A4,
mit Kopiervorlagen

Best.-Nr. 284

In **31 illustrierten Sagentexten** begegnen die Schüler berühmten Sagengestalten wie z. B. dem Klabautermann, der Loreley oder dem Schwarzen Tod und entdecken magische Sagenorte.
Mit Neuansätzen eines handlungs- und produktionsorientierten Textumgangs, Anregungen zum Vorlesen, zum Selberschreiben und zum Inszenieren von Sagen. Ohne großen Aufwand direkt im Unterricht einsetzbar!

Bestellcoupon

Ja, bitte senden Sie mir / uns mit Rechnung

_____ Expl. Best.-Nr. _____

_____ Expl. Best.-Nr. _____

_____ Expl. Best.-Nr. _____

_____ Expl. Best.-Nr. _____

Meine Anschrift lautet:

Name / Vorname

Straße

PLZ / Ort

E-Mail

Datum/Unterschrift   Telefon (für Rückfragen)

Bitte kopieren und einsenden/faxen an:

Brigg Pädagogik Verlag GmbH
zu Hd. Herrn Franz-Josef Büchler
Zusamstr. 5
86165 Augsburg

☐ Ja, bitte schicken Sie mir Ihren Gesamtkatalog zu.

Bequem bestellen per Telefon / Fax:
Tel.: 0821 / 45 54 94-17
Fax: 0821 / 45 54 94-19
Online: www.brigg-paedagogik.de

Der neue Pädagogik-Fachverlag für Lehrer/-innen
Kompetenz in Literatur vielseitig vermitteln!

Hubert Albus

Kurzgeschichten
Schicksalhafte Lebenssituationen verstehen

120 S., DIN A4,
Kopiervorlagen mit Lösungen
Best.-Nr. 292

Kurzgeschichten über die Schule der Zukunft, über einen perfekten Mord oder über Kriegswirren von Isaac Asimov, Luise Rinser, Benno Pludra, Günter Eich und Co. Zu jeder der **15 Kurzgeschichten** finden Sie gut aufbereitete Kopiervorlagen mit Lösungsblättern sowie Verlaufsskizzen, mit denen Sie ohne Aufwand Ihren Unterricht planen können. Interessantes Bildmaterial, Kurzbiografien und weiterführende Texte erleichtern Ihnen die Unterrichtsvorbereitung.

Hubert Albus

Balladen
Schicksalhaftes aus drei Jahrhunderten

120 S., DIN A4,
Kopiervorlagen mit Lösungen
Best.-Nr. 293

Gut gewählte Balladen von berühmten Schriftstellern wie Goethe, Brecht, Kunert, Reinhard Mey oder Annette von Droste-Hülshoff u. a. werden auch Ihre Schüler ansprechen. Hervorragendes Bildmaterial, wichtige Hintergrundinformationen sowie texterschließende Arbeitsblätter mit Lösungen erleichtern Ihnen die Unterrichtsvorbereitung.

Jede Einheit mit Verlaufsskizze!

Hubert Albus

Gedichte
Von Walther von der Vogelweide bis Walter Helmut Fritz

124 S., DIN A4,
Kopiervorlagen mit Lösungen
Best.-Nr. 411

Anspruchsvolle Lyrik von berühmten Literaten wie z. B. Walther von der Vogelweide, Andreas Gryphius, Theodor Storm, Bertolt Brecht, Marie Luise Kaschnitz und Günter Eich. 18 Gedichte mit gut aufbereiteten Arbeitsblättern mit Lösungen sowie Verlaufsskizzen, mit denen ohne Aufwand Unterricht geplant werden kann. **Interessantes Bildmaterial, Kurzbiografien** und **Hintergrundinformationen** erleichtern die Unterrichtsvorbereitung.

Annette Weber

Aus dem Leben gegriffen: Einfache Kurzgeschichten für Jugendliche

Materialien für den Deutschunterricht ab Klasse 7

76 S., DIN A4,
Kopiervorlagen mit Lösungen
Best.-Nr. 391

Die **acht Kurzgeschichten** sind spannend, unterhaltsam und realitätsnah. Inhaltlich sind sie so aufgebaut, dass sie durch **einfachen Wortschatz und unkomplizierte Satzstrukturen** auch schwächere Schüler/-innen ansprechen und lesetechnisch nicht überfordern. Mit **Aufgaben**, die **Textverständnis** und **Rechtschreibung** fördern, aber auch Kreativität fordern und zur selbstständigen Auseinandersetzung mit den Themen motivieren.

Bestellcoupon

Ja, bitte senden Sie mir/uns mit Rechnung

_____ Expl. Best.-Nr. _____
_____ Expl. Best.-Nr. _____
_____ Expl. Best.-Nr. _____
_____ Expl. Best.-Nr. _____

Meine Anschrift lautet:

Name / Vorname
Straße
PLZ / Ort
E-Mail
Datum/Unterschrift   Telefon (für Rückfragen)

Bitte kopieren und einsenden/faxen an:

**Brigg Pädagogik Verlag GmbH
zu Hd. Herrn Franz-Josef Büchler
Zusamstr. 5
86165 Augsburg**

☐ Ja, bitte schicken Sie mir Ihren Gesamtkatalog zu.

Bequem bestellen per Telefon/Fax:
Tel.: 0821/45 54 94-17
Fax: 0821/45 54 94-19
Online: www.brigg-paedagogik.de